明治図書

小学校国語科

物語の教材研究大全

5・6年

松本修 監修
小林一貴・鈴木真樹 編著

はじめに

文学の学習をデザインし、授業をつくっていくという営みにおいて、学習の過程を構造的に構想し、その枠組みの中で学習内容を配置するような試みが増えています。それは、ひとつには、学習の内容をいわゆるコンテンツベースからコンピテンシーベースに転換する学習観が、学習指導要領においても明確化されてきたことからきています。また、もうひとつには、その転換を受けて、評価のあり方が「何ができるようになったか」に焦点化され、評価の対象となる力を構造的に捉えたところから、学習を組み立てようとする傾向が強まったところからきています。淵源には、学習科学の進展があると思われます。

しかし、一方では、学習は教科や教材の特性と不可分なものですし、とりわけ国語科においては、いわゆる教材研究・教材化研究の重要性が長く大切にされてきました。そのことの意味はもう一度見直されなければなりません。

私たちはこれまで、いくつかの本を通して、文学教材を読むときの「問い」をめぐる読みの交流の大切さ、交流による読みの深まりを促す「問い」のあり方、有効な「問い」を創り出すことの大切さを主張し、具体的な教材に即してその「問い」の事例や交流のすがたを提示してきました。私たちの願いは、一人一人の先生方が、愉しく深い文学の読みを教室で実現するために、交流を促す「問い」づくりの力を身に付け、教師の個性と学習者の個性に合った読みの学習を実現していくというところにありました。

この本は、一人一人の先生方に、学習をデザインし、授業をつくっていくうえで、「問い」づくりの基盤にあるべきたしかな「教材分析」「教材研究」の目を身に付けていくための教材研究の観点を提示し、そこからの学習デザインの事例を示すようなものでありたいと構想されました。

学会レベルでも、教材研究をめぐる状況は一種の危機にあります。学習のデザインや学習過程研究を欠いた教材論は意味がないという認識が進んできたことはある意味当然ですが、行き過ぎると「教材論の不在」という状況を生み出しかねません。文学の教材研究は、その危機の中にあります。ここでは、もう一度、文学の教材論、教材研究の再構築を目指したいと思います。

その際に注意しておきたいことがあります。文学や周辺の研究領域、優れた実践研究の蓄積を踏まえて、先行研究の渉猟と読みにかかわる可能性のある細部の精細な読みという手続きは踏まなければなりません。その一方、子どもの素朴な読みの営みの中にも教材研究のための大きなヒントがあることを大切にしたいのです。その研究の枠組みよって読みを制御するのではなく、自由な読みの中から新たな教材研究（論）が生まれてくることに賭けたいのです。

「教材研究の目」を一覧にするような試みは多くなされてきました。ただ、私たちはそうしたリスト化よりも、一つ一つの教材に即した、具体的な検討を大事にしました。教材研究の目として、語り・空所・象徴・人物像・プロットなどが採りあげられていますが、そうした「目」が概念として先行してしまわないように留意したつもりです。読者のみなさんもそのことに意を留めながら、自分ならこの「目」を大事にしたい、この「目」ならこういう教材分析ができるのではないか、という新たな可能性に向かっていただきたいと願っています。愉しい、充実した文学の学習の実現に、ともに向かっていきたいと思っています。

２０２３年７月

松本　修

目次

小学5・6年

物語教材を読み解く
教材研究の目

はじめに

国語科の学習において、物語教材とはどのようなものでしょうか。松本（２０２２）は中野（２０１２）の論考を基に、次のように述べています（185頁）。

（中野の論考には）「学習者の読みに葛藤を生じさせ、作品の核心を衝く読み、新たな読みを成立させる」という学習観があり、そのための準備として、その教材の教材性（教材としての価値・可能性）を検討する教材論・教材研究があるという立場が明示されている。この学習観は、教材論の方向性を特定するものではなく、より本質的な文学学習観である。

学習者の読みに葛藤を生じさせ、豊かな交流を促し、作品の核心を衝くような読みを成立させるために、その物語教材はどのような価値や可能性があるのか、そして、授業ではどこに着目をしながら学習を深めていくのかといったことを考えていくことが大切です。

そういったことが吟味され、各教科書には当該学年にふさわしい物語教材が掲載されています。本項では五・六年物語教材を概観し、その共通性や特徴を捉えながら、教材としての本質に迫っていこうと思います。

五・六年生の学習者の読書能力

①物語を俯瞰的に捉えられるようになる

文学作品を国語科の学習の物語教材として扱う場合、その教材を選んだり、活用したりする側に「国語科の学びをより高めるため」の明確な意図が存在することになります。そういった観点から考えると、五・六年生の学習者の学びをより促進できるような教材が求められます。五・六年生といっても、一人一人の学習者の読む力や読みの経験は異なりますが、まずは一般的な五・六年生の発達段階を考えてみましょう。

山元（２００５）は、アップルビーの物語概念の発達研究などを基に、物語に対する〈スタンス〉が読みの能力の学齢発達の指標となりうるとの仮説を立て、小学校二～六年生の学習者を対象に調査研究を行いました。その結果、「登場人物間の関係の把握が可能になり、その意味づけが可能になる節目が、おおよそ第３学年から第４学年の間に見られる」（554頁）ことや「第６学年に至って、物語内容を一般化・抽象化していく傾向が見られた」（同前）ことを明らかにしました。そして、「主として小学校中学年以降で〈見物人のスタンス〉（登場人物に対してある一定の距離を取りながら反応を示す水準）に立った反応が可能になり、テクストの全局を見通した上での意味づけができるようになる」（（　）内は筆者）としています（同、585頁）。登場人物の心情に寄り添い、人物に共感し、同化した読み方をする学習者が多い三年生までの学習者と違い、四年生以降にはテクストを俯瞰的に捉えられる学習者が増え始めることで、より深く、分析的に捉えられるようになります。そして五年生ではそのような学習者の割合はさらに増え、六年生ではテクストとの距離化が進むことで、より一般化・抽象化してテクストを捉えられるようになるのです。

②読みの方略の自覚的な活用ができるようになる

物語を俯瞰的に捉えられるようになると、学習者はより分析的に読むことができるようになります。住田（２０１５）は先述の山元（２００５）などの研究成果を基に、以下のような読書能力の発達モデルを組み上げました。

【読者０】幼児期～小学校一年生…虚構体験としての遊び、読むこととしての遊び
【読者Ⅰ】小学校二年生～四年生…「テクスト」と対話する読者
【読者Ⅱ】小学校五年生～中学校一年生…作り手との対話
【読者Ⅲ】中学校二年生～中学校三年生…社会との対話

【読者Ⅰ】では、テクストに近づく読み（解釈的接近）と距離を取る読み（分析的対象化）を循環させながら読み進めることの重要性が示されています。そして、「外部から与えられた分析の方法を繰り返し適用することで、徐々に子どもたちは、物語の仕組みやしかけについての「メタ認知可能な」、つまり自覚的な使用が可能な読みの方法を内面化していきます」と述べています（住田２０１５、202頁）。四年生までの学習で十分に読み浸ったり、分析的に読んだりすることはもちろん、読みの方略の指導や活用を行うことで、五・六年の学習者は読みの方略を自覚的に活用できるようになるということです。読みの方略は「予測する」「質問する」「要約する」「関連付ける」「イメージを描く」など、様々な研究によって示されていますし、教科書会社によっては学習の手引きのページに、その単元で活用したい読みの方略が掲載されています。松本（２０１５）は、読みの変容には「解釈の変化としての認知的変容と、読みの方略の変化としてのメタ認知的変容」があるとして、「読みの変容でより重要なのはメタ認知的変容である」と述べています（11頁）。読みの方略を自覚的に活用できるようになるということは、読みのメタ認知的変容をより引き起こしやすくなることにもつながります。

③作者と対話し、自分の読み方や考え方を深めることができる

住田（２０１５）の発達モデルにおいて、五・六年生にあたる【読者Ⅱ】では、「作者と対話する力」と「読者を再構成する力」が強調されています。作者の表現や物語の構造上のしかけはもちろんのこと、語り手の視

点や役割、キーワード的に描かれているものが象徴するものなど、直接表現されていないことの意味まで分析的に考える力が必要になってきます。住田（２０１５）は「『作者（他者）』に向かって接近を試みることと、その結果として読者（自己）を析出し、とらえ直すこと」は循環構造であるとしています（206頁）。五・六年生の学習者は、物語教材を何度も読み返したり、他の学習者と交流を行ったりしながら、作者との対話を通して自己の読み方や考え方を再構成し深めていきます。

五・六年物語教材の特徴

①学習者との距離化を促し、より俯瞰的に読む必要がある教材

以上のように考えると、五・六年生の物語教材では、より俯瞰的にテクストを捉えながら読んでいく必要がある教材、そうすることでより深く読むことができる教材が必要となってきます。

そのための観点の一つが「語り」です。例えば、本書で取り上げている「カレーライス」「帰り道」「きつねの窓」の三つの教材は一人称の語りであり、この場合、当然語り手の視点として物語は進んでいきます。一人称の語りの特徴として、その語り手に共感しやすいことが挙げられます。そういった意味では、一～四年生の教材としても価値がありそうですが、テクストの本質に迫るような読みをしていくためには、俯瞰した捉えが必要になってきます。「カレーライス」では「ぼく」視点で全てが語られるため、「父親」の心情については明示されておらず、言動などから想像する必要が出てきます。「帰り道」では、「律」と「周也」という二人の語り手による2部構成という作品構造により、学習者は語り手の違いによる視点のずれだけではなく、認知や知覚のずれを体験することができますし、作者の意図を考えるきっかけにもなるでしょう。「きつねの窓」では、「ぼく」が過去の体験を語るという構造上、語り手の「ぼく」と作中人物の「ぼく」にずれが生じていたり、

語り手として信用できない部分があったりするため、ただ語り手に寄り添った形で読み進めていくだけでは、テクストの本質には迫っていくことができません。いずれの物語教材にせよ、一人称の語りだからこそ、意図的にテクストから一歩引いたスタンスをとり、俯瞰的に捉えようとする構えが必要となるのです。

また、語り手と作者の違いを意識することでテクストから距離を取る読みを促進させたり、その物語教材をより多角的に捉えたりすることができるようになります。松本（２００６）は語りの機能を考慮して、作者や語り手、読者などの対応関係を「生身の作者─想定される作者─語り手─話し手─（物語内容）─聞き手─読み手─想定される読者─生身の読者」と示しています（28頁）。「想定される作者」とは、読者がテクストに内在する主体として想定する作者であり、実際の作者とは区別されます。一般に教室内で作者の意図を問うような学習の時の作者はこの「想定される作者」になります。実際の生身の作者の生い立ちや思想などを考えて読むことは、学習者の読みを狭めてしまうからです。「生身の作者」と「想定される作者」について五・六年生の学習者が意識して区別することは難しいと考えられますが、語り手と作者（想定される作者）を区別することは可能です。先述の一人称の語りの教材に加え、「やまなし」や「大造じいさんとガン」などについても、その区別を意識化しやすいでしょう。

「やまなし」（光村図書）では、冒頭の「小さな谷川の底を写した、二枚の青い幻灯です。」に加え、終末の「私の幻灯は、これでおしまいであります。」と語り手の存在が明らかにされていますし、「大造じいさんとガン」（光村図書）では、前話が掲載されていることにより、語り手「わたし」と作者が違うことが認識できます。このような読みの体験を通して、学習者は他の作品においても、作者が語り手に語らせているという構図が理解できるようになります。「作者はなぜ語り手にそのように語らせたのか」などについて考えることができるようになり、物語教材をさらに俯瞰的に分析できるようになるのです。

②ジャンルや特徴に合わせて読みの方略を用いる必要がある教材

学習者が読みの方略を自覚的に活用していくためには、自らが〈問い〉をもち、豊かに交流することが大切です。それを促すものとして重要な概念の一つが「空所」です。イーザー（１９９８）によると、空所とは「特定の省略の形をとってテクスト内の飛び地（enclave）を作り出し、読者による占有をまつ」とされています（291頁）。本来書かれるべき内容が書かれていないことで、学習者自らがそこを埋め、テクストに一貫した意味を作り出さなければなりません。松本（２０１５）は空所について「学習者にとってテクストへの働きかけの契機となるもので、しかも読み手自身の従来の認識を更新せざるを得ないような新たな意味づけをテクストと世界に対して行うことにつながる批判的な読みへの契機となるもの」と述べています（75頁）。学習者は空所によって〈問い〉をもったり、空所を埋めるために再読したり、様々な表現に着目したりといった読みの方略を活用するようになります。

例えば鈴木（２０１９・２０２２）が「大造じいさんとガン」や「海の命」を教材として行った〈問い〉づくりの実践では、学習者たちが空所を中心に様々な〈問い〉をもつと同時に、それを価値ある〈問い〉に更新していく様子が報告されています。また、空所によって生み出された〈問い〉について交流する際には、自分の「予想」を立てて関連しそうな叙述を探したり、「色彩表現」に着目して考えたり、場面と場面を「つなげて」考えたりと、様々な方略を活用する姿も見られます。どちらの教材も大きな空所があることが特徴であるといえるでしょう。

語りや物語構造に着目することでも、様々な読みの方略を引き出すことができます。岩崎（２０２０）は「注文の多い料理店」の語りに着目した研究を行い、紳士と語り手の視点を切り離して捉え、それまでの語りを見直し、それらの語りを価値付けるという一連の思考過程を経ることで、読者の「再読」を促すことができるとしています。また、「注文の多い料理店」「雪わたり」「きつねの窓」といったファンタジー作品では、異界への入り口と出口について考えることで、「構造を解釈する」「メタ認知的になる」「作者を問う」などの読みの方略が活用できそうです。

いずれにしても、五・六年物語教材は様々なジャンルや特徴をもった作品があるため、その教材のジャンルや特徴に合わせた読みの方略を活用する必要があるといえます。

③作者との対話を促し、自分の考えを深めることができる教材

田近（２０１２）は文学の読みの経験としての価値について次のように語っています（３頁）。

> ストーリーを楽しむ〈読み〉を基盤として、ストーリーの背後にあって、プロットを支える「意味」や「作者の思想」を解明する読みであり、読者にとっては、そのことを通して自己の意味世界を切り拓き、追究主体としての自己を創造する〈読み〉である

五・六年物語教材には、構造の意味や作者の意図を問う価値のある作品や、それを通して自分なりの主題を考えたり自分自身について考えたりできるような作品が数多くあります。

例えば、「きつねの窓」や「注文の多い料理店」のファンタジー構造にはずれがあり、そこから作者の意図を考えたり、そのずれによって生み出される作品の価値や主題について考えたりすることができます。「川とノリオ」では、前半と後半の語り手が認知する知覚が変化したり、戦争の描写だけが伝聞の形で書かれていたりする特徴があり、語り手の変化についての意味や作者の意図を考えることができます。「やまなし」で冒頭と終末の語りがもたらす意味について考えることは、作者の意図を考えることにつながるでしょう。

また、本書が取り上げる教材の「教材研究の目」には「象徴表現」が多く出てきます。これは直接的に書かれていないことを読み取ることができるようになってきた五・六年物語教材の特徴といえるでしょう。寺島（2018）は象徴表現を含む文について意味付けする学習の効果について、「学習者を〈見物人的スタンス〉に立たせ、〈要点駆動〉の読み（テクストに対して一貫性の高い説明を与える方略、表層的な言葉の特徴に着目する方略、作者とのコミュニケーションを重視する方略によって基礎づけられる読み）を引き起こすとともに、これが物語全体の解釈に反映する」（〈 〉内は筆者）と述べています（19頁）。象徴について考えることで、作者の意図を捉えたり、その作品から感じられる主題について自分なりに考えたりすることができるでしょう。例えば、「海の命」や「やまなし」はタイトルそのものが作品の主題に関わる重要な象徴表現です。「カレーライス」の「甘口」や「中辛」、「雪わたり」の「もらったものを食べること」や「歌うこと」、「帰り道」の「ピンポン球」や「天気雨」などが象徴しているものを考えることは、テクストの本質への着目を促すと考えられます。

おわりに

以上のように、五・六年物語教材には学習者の成長を促すような魅力的な作品が数多くあります。そして、それは五・六年の学習者だからこそ魅力を引き出すことができる作品ともいうことができるでしょう。そのためには、まずは私たち授業者が一読者として作品を楽しみ、その後に教材としてどのような価値があるのか、どこに着目して読むことが目の前の学習者にとって最適なのかを分析していくことが大切です。

小学5年

物語の教材研究
&授業づくり

注文の多い料理店

教材研究の目 1 人物像

教材文：『新しい国語 五』東京書籍（令和二年度版）より引用

①二人のわかいしんしの人物像

「注文の多い料理店」では、主な作中人物として、二人のわかいしんしが登場します。学習者は二人のわかいしんしの視点に立って読み進めていくことになります。主な作中人物や視点人物の人物像を考えることは、物語教材を読み進めていくうえで重要なことです。しかし、人物像という言葉にはいろいろな意味合いがあります。主に物語冒頭に描かれる人物設定や、その人物がテクスト全体を通してどのように変容したり、描かれたりしているかといったものです。まずは二人のわかいしんしの人物設定を見ていきます。

「鹿の黄色な横っぱらなんぞに、二、三発お見まい申したら、ずいぶん痛快だろうねえ。くるくる回って、それからどたっとたおれるだろうねえ。」や、白くまのような犬が死んでしまった時の「実にぼくは、二千四百円の損害だ。」「ぼくは二千八百円の損害だ。」という叙述から、二人のわかいしんしには、動物の命を物として扱う残酷さがあることがわかります。また、損害について言い合っていることから、欲張りであり、損得で物事を考える人物であることも読み取ることができます。

さらに、扉に書いてある言葉に対する反応からも、二人のわかいしんしの人物像を読み取ることができます。例えば、二枚目の扉の裏の「注文はずいぶん多いでしょうが、どうかいちいちこらえてください。」に対しては、一人のしんしは多少疑問に感じてはいますが、「うん、これはきっと注文があまり多くて、したくが手間取るけれどもごめんくださいと、こういうことだ。」というように大きな疑問をもたずに次の扉へと進んでいきます。そして、六枚目の扉の裏の塩を揉み込む指示があるところまで自分たちが食べられることには気が付かないことから、自分中心に物事を考え、深く考えず騙されやすい人物などということを読み取ることができます。このように、二人のわかいしんしの言動から人物像を捉えていきます。また、服装などに着目することでも人物像を考えることができます。狩りに来ているはずなのにイギリスの兵隊の格好をしていたり、ぴかぴかの鉄ぽうを持っていたりするところから、見栄っ張り、外見を重視している、などと人物像を膨らませることができるのではないでしょうか。このように、「注文の多い料理店」には、主な作中人物である二人のわかいしんしの人物設定がわかる表現が必要以上に描かれている印象を受けます。

②人物を突き放す目

通常、読者は視点人物に寄り添う形で読み進め、次第にその人物に共感していくことも少なくありません。しかし、「注文の多い料理店」では、多くの学習者が次第に、二人のわかいしんしを突き放して見るようになっていきます。このことについて府川（２００１、113頁）は、「読み手がしんしたちの言動を批判的に見る眼を自分自身の内部に設定できるように、巧みに伏線が張られているからである」としています。次々と扉が現れ、違和感を抱きながらも読み進めたくなる展開があり、しかし物語に引き込まれていくほど視点人物に反感を抱かせるというようなしかけにより、学習者はテクストとの距離感を自分で探っていくことになります。これまで作中人物に寄り添って読むことが多かった学習者にとっては、テクストとの距離化が促されるのと同時に、新たな読みの方略の獲得にもつながるかもしれません。

また、二人のわかいしんしがテクスト全体を通して変容した点といえば「さっきいっぺん紙くずのようになった二人の顔だけ」です。心情や考え方の変化を考えるには根拠が足りません。そこで、テクスト全体を通して二人のわかいしんしがどのような人物像で描かれているか、なぜ作者は内面ではなく外見の変化のみを描いたのかなど、作者の意図や、テクストにおける二人のわかいしんしの役割について深めることにつながります。

教材研究の目

ファンタジー構造 2

①ファンタジー構造の捉え方

「注文の多い料理店」はファンタジー構造をもつ作品の一つです。鈴木・昌子（２０１６、41頁）は、「「ファンタジー」では、我々が生きているのと同じ現実の枠組みが存在する世界があり、その一方に非現実としての「幻想」「空想」の世界が描かれ、現実と非現実は物語内で区別されている。その二つの世界を移り渡ることでストーリーが形成されていく」と述べています。つまり、ファンタジー構造とは、現在から過去、過去から現在、現実から非現実、非現実から現実のように異なる空間へ入り、また戻ってくる構造となっているのです。

また、ファンタジーにおいて現実と非現実を移り渡るには、何らかの手続きが必要になるとされています。「注文の多い料理店」では、「風がどうとふいてきて、草はザワザワ、木の葉はカサカサ、木はゴトンゴトンと鳴りました。」という表現が冒頭と後半にあることから、「風」が現実と非現実をつなぐ手続きとなり、ここが出入り口と考える立場があります。ファンタジー構造の基本をしっかりとおさえておきたいところです。

一方で、この立場では白くまのような犬が生き返ったことを説明できません。そのため、はじめから非現実の世界であり、二回目の風で現実世界に戻ったという解釈や、一貫して非現実の世界に留まっているという解釈も生まれてきます。しかし、これらの立場をとるのであれば、「風がどうとふいてきて」という明らかな繰り返しの表現に、何らかの意味をもたせなければなりません。鈴木（２０１８、89頁）は田近（１９７７）の「注文の多い料理店」のファンタジー構造に対する論考を引き、「作品冒頭からファンタジーの世界にあって、その設定として犬の死や案内人の行方不明があるのだとして、最初の風はさらに深いファンタジー世界への入り口、次の風が現実世界への出口」と、ファンタジー構造の「ずれ」を指摘しています。

②入り口と出口を考え交流する

このようなずれを生かして学習活動を計画することは有効です。例えば「二人のしんしが不思議な世界に入り込んだのはいつか。また、抜け出したのはいつか」という、ファンタジー世界の出入り口についての〈問い〉を立てることができます。このような〈問い〉について交流することによって、ファンタジー構造の基本をおさえるとともに、「注文の多い料理店」の構造のずれに気付くことができます。先述のどの立場の考えであっても、根拠となる叙述を明確にしながら説明したり、全体の構造と部分的な叙述を関連させたりしながら説明する必要があるため、様々な読みの方略の活用や獲得にもつながります。さらに、多様な解釈が可能であることは、豊かな読みの交流につながり、互いの考えを深めるきっかけとなります。

また、作者がファンタジー構造で伝えたかったことを考えることもできます。鈴木・昌子（2016、53頁）は「ファンタジーでは、現実世界に住む人物が、ある幻想体験をしてまた現実世界の日常に戻ってくることによってようやく意味を持つのであり、幻想体験前後の人物の内面の変化そのものに意味がある」と述べていますが、「注文の多い料理店」で二人のわかいしんしについては内面の変化は見られません。変わったことといえば、「紙くずのようになった二人の顔だけ」であり、それは東京に帰っても「もう元のとおりになおりませんでした。」と語られており、語り手からも少し見放されている印象を受けます。非現実の世界に入り込み、抜け出てきたと考えられる二人のわかしんしの内面が変わらず、外見だけが変わった意味、元に戻らなかった意味を考えることは、作者の意図を考えたり、自分なりの主題を捉えたりすることにつながります。また、最後まで非現実の世界だと考える立場の学習者であっても、それをどう意味付けるかについて考えることで、同じような効果があるでしょう。多様な考えを交流して、一人一人の考えを深めたいものです。

教材研究の目 3 象徴

①わかいしんしと山猫の象徴するもの

「注文の多い料理店」では、二人のわかいしんしと山猫それぞれが象徴しているもの、そして両者の関係性が象徴しているものを捉えて読んでいくことで、テクストの本質に迫ることができます。

授業の中で両者の関係を考える際には、二人のわかいしんしを人間側、山猫を自然側として位置付けをして読み進めていくことが多く見られます。物語全体を人間側と自然側の対立関係と捉えることになります。また、もう少し焦点を絞り、二人のわかいしんしを都会文明や近代文明の象徴として読むこともできます。しかし、教師がこの捉え方のみに固執してしまうと、学習が深まっていきません。人間側と自然側にしても、都会側と自然側にしても、二人のわかいしんしの言動を中心に読んでいくことになり、山猫の言動や様子については深く考えなくなるからです。他の多様な可能性についても授業者側が分析を行っておくことが大切です。

二人のわかいしんしと山猫の関係について田近（1977、23─24頁）は、「この作品は、山猫と紳士を対立させることによって、自然との交歓を拒絶された世界を描こうとしたものではない」として、「山猫と紳士との関係は、そのあり方自体、虚偽に満ちており、現実の世俗社会そのものなのである」と述べています。また、松元（2001、97─98頁）も山猫の「山」は「人の手の入らない野生」、「猫」は「人間が飼いならし」たものとして、山猫の存在は「『人間界』と『自然界』とのあり得ない境界領域に棲まう亡霊のような媒介者」とし、「山猫軒とは、経営上の上下関係を具えた人間社会の「西洋料理店」の模倣、ないしパロディーである」と述べています。つまり、人間側と自然側の二項対立の構造ではないということであり、山猫側もむしろ人間社会に近い存在だということです。そのような捉え方をするためには、「あたりまえさ。親分の書きようがまずいんだ。」や「早くいらっしゃい。親方がもうナフキンをかけて、ナイフを持って、したなめずりして、お客様がたを待っていられます。」などの山猫側の言動にも着目して読む必要があります。山猫たちには親分の山猫がいて、人間の世界での労働者と経営者といった関係であることを捉えたり、狡猾に人間に罠をしかける山猫の姿や人間社会を真似しようとしている山猫の姿を想像したりすることにつながります。

②分析的に読む

また、二人のわかいしんしについて人間の弱さの象徴と捉えることもできるでしょう。はじめは二人のわかいしんしに寄り添って読んでいた学習者も、だんだん突き放して読むようになり、「なぜ作者はこのような魅力的ではない人物を視点人物としたのか」などの考えが生まれるのではないでしょうか。これによりテクストを分析的に考えることにつながっていきます。しかしここで気を付けなければならないのは、表面的な部分だけに着目し、二人のわかいしんしを自分とは全く関係のない自己中心的な人物だと捉えるに留まらないことです。そのように考えると、「注文の多い料理店」を人間への反省を促す単なる寓話と捉えてしまうことになります。そうではなく、二人のわかいしんしを人間の誰もがもつ人間の心の弱さとして捉えることができれば、一度突き放して考えていた距離が自分に近づいてきます。住田（2015、198頁）はこのようなテクストに近づく読みと距離を取る読みの循環により「読者たちの前には、最初の「近づく」営みに挑戦したときには見えなかった景色が広がっているはず」と述べています。テクストとの距離を近づけたり離したりすることで学習者の読みは一段と深まっていくのです。二人のわかいしんし、山猫がそれぞれどんな象徴であるか、そしてその関係性から何を自分が感じ取るかについて多様な考えを交流することは、一人一人がテクストの本質に迫っていく助けとなるでしょう。

教材研究の目

巧みな文章表現

4

①オノマトペ

「注文の多い料理店」には表現豊かな描写が数多くあります。様々な描写を捉えることで物語をより自分自身の中で想起しやすくなるだけでなく、想像力を育むことにもつながります。

まず、オノマトペについてです。オノマトペとは擬音語と擬態語を総称したもののことをいいます。そして、宮沢賢治の作品にはそのようなオノマトペが随所に鏤められています。田守（２０１０）は宮沢賢治がオノマトペの達人と称させる理由の一つとして、「ほとんどの作品にもオノマトペが随所に実に見事に用いられており、しかも私たちが日常的に使っている、いわゆる慣習的なオノマトペだけでなく、私たちが到底思いつかないような賢治独特のオノマトペが用いられているから」と述べています。

注文の多い料理店では「風がどうとふいてきて、草はザワザワ、木の葉はカサカサ、木はゴトンゴトンと鳴りました。」が非習慣的なオノマトペということができるでしょう。風が「どうと」ふくという表現は通常は使いませんが、濁点がついていることや、「ドバっと」や「どかんと」など他のオノマトペから連想して考えると、ある程度勢いがあることがうかがえます。この勢いが、「教材研究の目２」で見てきたように、ファンタジー世界への入り口、もしくはさらなる深みへのきっかけと感じられる要素にもつながりそうです。しかし、どの程度の勢いなのかなどの具体的なイメージは、学習者の想像に任せられます。「ザワザワ」「ゴトンゴトン」についても、草や木との組み合わせが異例ですし、音を表すオノマトペとしても通常は使われません。しかし、「胸がザワザワする」という表現もあるように、何となく不気味な様子を感じ取ることができます。

「カサカサ」についても、「ゴキブリがカサカサ動く」などと使われるため、一層不気味さを引き立て「ゴトンゴトン」で一気にその不気味さが大きくなるような印象を受けます。「モチモチの木」では、モチモチの木が夜中に「空いっぱいのかみの毛をバサバサとふるって」と表現されていますが、どちらが不気味に感じるでしょうか。感じ方は人それぞれであり、その想像を語り合うことは、物語の情景を豊かに想像することにつながります。非習慣的なオノマトペにおいては、その効果がより一層高くなるでしょう。他の表現と比較したり、その表現をカットした文章と比較したりして、その宮沢賢治独特の表現を味わいたいところです。

②言葉の多義性

次に言葉の多義性です。「注文の多い料理店」には、一つの言葉に二つの意味が込められている表現が多く出てきます。タイトルの「注文の多い」がまさにその代表であり、お客からの注文と、店側からの注文という意味があります。他にも、「すぐ食べられます。」「おなかにお入りください。」などが挙げられ、これらの表現などによって、二人のわかいしんしも読者も騙されながら進んでいくことになります。このことについて府川（2001、121頁）は「ことばの意味の多義性を利用して価値の逆転を図ったり、権威を無化したりすることは、風刺の精神の発揮にほかならない」と述べています。言葉の多義性を捉えることは、表現の効果について考えることだけでなく、作者の意図を考える学習にもつながりそうです。タイトルを「二人のしんし」「山猫軒」などではなく、なぜ「注文の多い料理店」としたのでしょうか。「二人のわかいしんし」や「山猫軒」がタイトルとなれば、それらが象徴するもののメッセージ性が強くなります。しかし、「注文の多い料理店」というタイトルからは、ユーモアが感じられると同時に、騙された二人のわかいしんしだけでなく、注文の多さによって失敗してしまった山猫への皮肉も感じられます。二人のわかいしんしと山猫の関係性とも関連させながらタイトルについて交流することで、自分なりの主題を考えることにもつながります。

教材研究を活かした単元計画と発問・交流プラン

1 物語の構造を捉え、ファンタジー作品の魅力に迫ろう

POINT 物語の構造を考え、他作品と比べる

「注文の多い料理店」は、現実から非現実や非現実から現実のように異なる空間へ入り、また戻ってくるといったファンタジー構造になっています。そこで、この物語の構造に着目し、どこが不思議な世界への入り口と出口かを叙述から考えることで、物語の全体の構造を捉えるとともに、構造にずれがある可能性に気付くことをねらいとします。また、他のファンタジー作品を読むことで構造の違いや面白さを感じ、それを紹介することで多読につなげていきます。

一次では、「注文の多い料理店」と別のファンタジー作品である「初雪のふる日」を範読し、**学習者の物語構造についての感想を取り上げる**ことで、物語の構造を考えるという学習課題を設定します。

二次では「注文の多い料理店」を中心に学習し、作中人物や不思議な出来事などについておさえます。次に、不思議な出来事の入り口と出口はどこにあるのかを考え、交流していきます。この交流では学習者の**多様な考えを引き出し、共有することで深めていく**ことが大切です。

三次では、自分の紹介したいファンタジー構造の作品を読み、物語の面白さを伝えたり「注文の多い料理店」と比べたりする言語活動を行います。

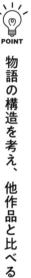

単元計画

次	時	●主な発問〈問い〉　・学習活動	・留意点
一	1	**●「注文の多い料理店」と「初雪のふる日」を読み，二つの共通点を考えましょう。** ・初発の感想を書き，発表する。 ・学習課題を設定する。	・「注文の多い料理店」と「初雪のふる日」を読み比べることで，物語の構造が似ていることに着目できるようにする。
二	2	**●二人のわかいしんしはいったいどのような人物像なのか考えましょう。** ・人物の設定を確認する。	・二人のわかいしんしについて，様々な叙述を根拠として考えられるようにする。
	3	**●なぜ，多くの注文が出されるのか考えましょう。** 交流 ・物語の流れを確認する。 ・設定（物語の流れ）の効果を考える。	・二人のわかいしんしの心情と合わせて考えることで，物語の流れを確認するだけでなく，その効果も考えられるようにする。
	4	**●二人のわかいしんしが不思議な世界に入ったのはいつで，不思議な世界から出てきたのはいつかを考え，共有しましょう。** 交流 ・根拠となる叙述を提示しながら，交流を行う。	・叙述の中から不思議な世界の入り口と出口がどこなのかを考えるようにする。 ・多様な考えを交流することで，読みの解釈が異なることを理解し，さらに考えを深められるようにする。
	5	**●不思議な世界から出てきたのに，紙くずのようになった顔が戻らなかったのはなぜか考えましょう。** 交流	・作者がこのようなファンタジー構造にした意図を考えることで，ファンタジー作品の魅力に迫れるようにする。
三	6 7 8	**●他のファンタジー構造をもつ作品を読み，紹介しましょう。** ・物語の構造に触れながら作品を紹介するPOPを作り，共有する。	・いくつかのファンタジー構造をもつ作品をあらかじめ用意しておく。 ・「注文の多い料理店」との共通点や相違点を考え，それぞれの特徴を捉えられるようにする。

本時の展開例（第４時）

本時の目標　叙述を基に、不思議な世界の入り口と出口を考え、交流する

Ｔ１と**Ｔ２**では、二人のわかいしんしが不思議な世界に入ったのはいつなのかを叙述を基に考え、交流します。「風がどうとふいてきて、草はザワザワ、木の葉はカサカサ、木はゴトンゴトンと鳴りました。」という一文が物語の冒頭と最後の方にあることから、大半の学習者はここが不思議な世界への出入り口と捉えることが考えられます。他の考えが出なかった場合には、「死んでしまった犬が助けに来るのが矛盾しないかな」などと問い返すことで、「最初から不思議な世界に入っていた」といった考えを引き出すなど、**多様な読みを交流することが大切**です。

全体で共有する際には、この物語の構造を捉えます。この時に、無理に一つに絞らないようにします。現実↓非現実↓現実という大きな流れは確認しつつも、**根拠と理由をきちんと示した考えを認め**ながら、構造のずれに気が付いたり、多様な解釈の可能性を感じられたりするようにしましょう。

Ｔ３では、交流を受けて自分が考えた入り口と出口を書き、本時のまとめとします。解釈を書くだけでなく、しっかりと根拠や理由を示すように声をかけるとともに、納得した友達の考えや考え方と自分の考えや考え方を比較したり、自分の解釈が変わったきっかけを書いたりできるよう促していきます。本時の学びをこうした**メタ認知的に振り返り、自分の考えをまとめる力**は、とても重要です。

本時の流れ

	●主な発問〈問い〉　・学習活動	・留意点
T1	**●二人のわかいしんしが不思議な世界に入ったのはいつで，不思議な世界から出てきたのはいつかを考えましょう。**	・「初雪のふる日」などを基に，ファンタジーの入り口と出口について確認してから考えるようにする。
T2	**●考えたことを交流しましょう。** C：「ところが，どうもこまったことは，…」のところじゃないかな。道に迷っているし。 C：「風がどうとふいてきて，…」のところじゃないかなって思った。この一文は最初の方と終わりの部分にあるから入り口と出口みたい。 C：でもさ，そうだとしたら白いくまみたいな犬が死んでしまったはずなのに最後に助けに来るのって変じゃないかな。 C：だったら，最初から不思議な世界だったらどうかな。 C：「部屋はけむりのように消え，…」のところかな。山猫軒がなくなるから。 C：「風がどうとふいてきて，…」のところじゃないかなって思った。入る時もその文章あったから。	・入り口と出口をセットで発表することによって，「風がどうとふいてきて，…」の表現や白くまのような犬など，入り口と出口に共通する表現や事物に着目できるようにする。 ・学習者の考えと叙述を色分けして板書することで，根拠と理由を明確にしていく。 ・考えが分かれたところは特に根拠や理由を問い，互いの考えを理解できるようにする。
T3	**●交流したことを基に，もう一度不思議な世界の入り口と出口はどこかをまとめましょう。** C：「風がどうとふいてきて，…」だと思ったけど，犬のことを考えると最初から不思議な世界というのも納得した。いろいろな可能性を探るのは大切だ。	・読みの交流を踏まえ，まとめたことを全体で共有する。 ・読みの解釈の共通点や違いをまとめるようにする。

教材研究を活かした単元計画と発問・交流プラン

2

作中人物の人物像を深めよう

作中人物の人物像から作品の魅力を考える

「注文の多い料理店」では、二人のわかいしんしが物語に強い印象を与えます。二人のわかいしんしの視点に立って物語の中へ入り込んでいきますが、二人のわかいしんしと読み手では西洋料理店の本当の目的に気付くタイミングにずれがあります。そこから、二人のわかいしんしの人物像に着目して単元の学習課題をつくります。人物像を捉えるためには、様々な叙述を基に考える必要があるため、多様な視点から考えることで、解釈の違いや根拠の大切さを学ぶことを学習のねらいとします。

一次では、物語の大体を捉えます。「注文の多い料理店」では、二人のわかいしんしと西洋料理店（山猫）のかけあいが物語の大半を占めます。西洋料理店の目的に気付くのに、二人のわかいしんしと読み手にずれがあったことに着目し、その理由を考えることをきっかけとして、二人のわかいしんしの人物像を探っていきます。ただし、学習者によって**気付きのタイミング**は異なるため、本単元では二人のわかいしんしが自身に塩を揉み込む指示があるところまで気付かなかった原因を考え、人物像を捉えることを目指します。

二次では、**どのような言葉から人物像を捉えたのか**、読みの交流を行います。後半には**授業者から「山猫」の人物像等を問う**ことで、**二人のわかいしんしと山猫の関係性や作者の意図を考える**きっかけとします。

単元計画

次	時	●主な発問〈問い〉 ・学習活動	・留意点
一	1	**●「注文の多い料理店」を読み，初発の感想を伝え合いましょう。**	・読み手と二人のわかいしんしの気付きのタイミングの違いに触れている感想をピックアップしておく。
	2	**●物語の登場人物やその関係性をまとめましょう。** ・感想を発表する。 ・感想を整理しながら，物語の設定（時・場・人物）を捉える。 ・学習課題を決める。	・事前にピックアップしておいた感想を意図的に取り上げるなどして，読み手と二人のわかいしんしの気付きのタイミングの違いに着目できるようにする。
二	3	**●二人のわかいしんしのことを最も表している表現はどれでしょう。**交流 ・二人のわかいしんしの人物像について，自分の考えをもつ。	・様々な叙述から一つを選ぶことで，二人のわかいしんしの人物像を明確にできるようにする。
	4	**●どうして二人のわかいしんしは，自身に塩を揉み込む指示があるところまで，西洋料理店の目的に気付かなかったのか考えましょう。**交流 ・根拠となる叙述を提示しながら，交流を行う。	・叙述を時系列で整理するとともに，二人のわかいしんしの心情とセットで考えていくことで，二人のわかいしんしの人物像について変容や深化を促す。
	5	**●紙くずのようになった顔が戻らなかったのはなぜか考えましょう。**交流	・しんしの人物像と関連付けて考えることで，作者の意図を考えるきっかけとする。
	6	**●山猫の人物像を考えましょう。**交流	・しんしと山猫の関係性や，作者の意図を考えるきっかけとする。
三	7 8	**●作中人物の人物像をポイントとして，「注文の多い料理店」の魅力を紹介しましょう。** ・作中人物の人物像に触れながら，作品の魅力を紹介する文章をノートに書き，伝え合う。	・書いた文章を第３時で考えたしんしの人物像と比べることで，学びを実感できるようにする。

本時の展開例（第4時）

本時の目標　叙述を基に、二人のわかいしんしの人物像を深める

T1では、学習を振り返り、前時にクラスで挙がった二人のわかいしんしの人物像を確認します。板書等に整理しておくことで、本時の読みの交流で様々な考えを引き出す手立てとします。

T2では、塩を揉み込む指示があるところまで西洋料理店の目的に気付かなかった二人のわかいしんしと読み手とのずれについて考え、記述することで、二人のわかいしんしの人物像を深められるようにします。

T3では、学習者の様々な気付きや考えを、**物語の時系列で板書**をしていくとともに、二人のわかいしんしの心情もセットで整理することで、愚かさや傲慢さをより一層感じられるようにします。そして、交流により多様な考えを出し合うことで、人物像について変容や深化を促していきます。二人のわかいしんしの人物像をより象徴している言葉や文章に着目したり、作者の意図などと関連付けて考えたりしている学習者を取り上げるなどをすると、学習者の読みはより一層深まっていくでしょう。

T4では、**交流したことを基に、自身の考えを再度構築する時間**とします。二人のわかいしんしの人物像を「〇〇な人物」という形で端的に表すことで、自分の考えを明確にできるようにします。その際、単に人物像を記述するのではなく、叙述や本時の交流で出された考えを基に考えることができるよう声をかけていきます。よく書けている学習者を紹介するなどすると、読み方や学びを振り返るポイントなどがクラスに共有されていくでしょう。

本時の流れ

	●主な発問〈問い〉・学習活動	・留意点
T1	**●前時に発表された二人のわかいしんしの人物像はどのようなものでしたか。** C：食べられるとわかったら逃げ出したから，臆病者。 C：最後まで食べられることに気付かなかったから，浅はかな人。	・前時までと同じような聞き方をし，まずは多様な考えを引き出し，板書で整理しておく。
T2	**●二人のしんしが自身に塩を揉み込む指示があるところまで西洋料理店の目的に気付かなかったのはなぜでしょうか。** C：「実にぼくは，二千四百円の損害だ。」と言っていることから，お金にうるさく，命を軽く扱う人。だけど，自分の命が危うくなると逃げ出すような自分第一主義者。 C：イギリスの兵隊の格好でぴかぴかの鉄ぽうを持っていたり，お金の話が出てきたりするから，気取った人。	・前時に出された人物像を参考に，自身と比較しながら考えたり，叙述を基に考えさせたりするなど，多様な読みの考えが生まれるようにする。
T3	**●自分の考えたことを基に，班やクラスで交流をしましょう。** C：自分と気付きのタイミングが違ったから，最後まで西洋料理店の目的に気付かなかった二人のわかいしんしは，視野の狭い人。 C：欲深い人。お金の話も出てくるし，イギリスの兵隊の格好でぴかぴかの鉄ぽうを持っていたり，お腹が空いているから注文（要求）が多くても突き進んでいたりするから。	・班の交流では，納得した友達の考えや，新たに気付いたことなどをノートに追記していく。 ・全体の交流では，交流したことを基にすることで，自身にはなかった考えや叙述を基にする大切さに気付けるよう，ノートに追記していく。
T4	**●二人のわかいしんしの人物像を「○○な人物」という形でまとめ，根拠や理由も書きましょう。**	・端的な言葉で表すことで，自分の考えを明確にできるようにする。

教材研究の目 1

空所

①「カレーライス」の空所

物語のテクストには多かれ少なかれ「空所」が存在します。空所とは、テクストに明記されていないために、読者が他のテクストをつなぎ合わせたり想像したりすることによって補填することで読書活動が推進される箇所のことを指します。空所があることによって、読者は想像や意味付けを行い、自分なりの読みを形成していくことになるのです。その空所を明らかにして〈問い〉とし、読み手として〈問い〉の答えを出すことがこれからの授業には求められます。「カレーライス」にも空所があり、どの空所を〈問い〉として取り上げて授業で扱っていくかを授業者は選ぶ必要があるのです。「カレーライス」の空所には、次のようなものがあります。

(1)お父さんはどんな思いでいきなりゲーム機のコードを抜いたのか。
(2)お母さんは、何の仕事をしていて、毎月半ばに帰りがうんと遅くなるのか。
(3)「もっと、こう、なんていうか、もっと—。」の「—」の部分にはどんな言葉が続き、なぜはっきり書かれていないのか。
(4)どうして「ぼく」は自分でも困っていて、あっさり謝ることができないでいるのか。
(5)お父さんはお母さんに「ぼく」が口をきかないことをどのように話したのか。
(6)「ぼく」はどうして「カレー」を作ることにしたのか。
(7)「ぼくたちの特製カレーは、ぴりっとからくて、でも、ほんのりあまかった。」のはどうしてか。

教材文：『国語五 銀河』光村図書（令和二年度版）より引用

②重要な空所

幾田（２０１１）は、「空所」の中でも、補填によって読書活動を推進するものと、補填をしなくても読書活動を進めることができるものを分け、「不在」という概念を提出しています。松本・西田（２０１８）の言葉でいうと「埋められない空所」となります。⑵は、叙述から根拠を見いだすことができず、わからなくても物語を読み進めるのに支障もありません。⑶や⑷は、「ぼく」の心情に関わる空所です。他の叙述と関係付けながら、想像していく価値のある空所といえます。しかし、思春期特有の自分でももてあますようなもやもやした心情からくるものと想像でき、〈問い〉として学級全体で取り上げるには不十分でしょう。

⑴や⑸は「カレーライス」で重要な人物である「父親」の心情に関わる空所です。「カレーライス」では、父親の視点から気持ちや思いが語られたり、父親だけの場面を扱ったりすることはありません。これは、この作品の「視点」も理由となります。したがって、「ぼく」から見た父親の言動から想像することになります。根拠も少なく、全体で取り扱うのも難しい空所でしょう。

⑹は物語の大きな転換を迎え、クライマックスへとつながる行動です。作品の象徴である「カレーライス」を二人で作ることになり、「ぼく」はもう「中辛」だということをお父さんは知ります。また、⑺はそうして作ったぼくたちの特製カレーを食べた「ぼく」の思いであり、作品を締めくくる言葉となります。どうしてぴりっと辛さを感じながらもほんのり甘いのか、なぜ中辛にしたのに甘いのかといった疑問が生まれ、一読しただけでは答えは出ません。このような作品の主題に迫る空所こそ、〈問い〉として取り上げ、授業を構成していくことで主体的、対話的で深まりのある授業にしていくことができます。中辛の特製カレーの甘さはどこから来ているのか、学習者なりの読みをつくり、交流するべきでしょう。

教材研究の目 2 語り

①一人称の語り

「カレーライス」の特徴として、一人称によって文章が語られているという点があります。この作品は、「ぼくは悪くない。」という衝撃的な書き出しで読み手を引きつけて始まります。この一人称の語りによって学習者はいきなり「ぼく」の視点に立つことになります。また、自分の経験と重ねて読み始めることに無理なく誘われると思われます。「カレーライス」はわかりやすい時系列の場面構成となっています。また、場面ごとの心情の揺れ動きが捉えやすいのも特徴です。中心人物である「ひろし」の心情の変化が、「お父さん」「お母さん」の行動によってもたらされていることがわかりやすく表現されています。これにより、心情が、行動描写によって浮き彫りになるという文学的なしかけが理解しやすいのです。そのわかりやすさを支えているのが、中心人物である「ぼく」の一人称の視点での語りです。例えば次のような叙述があります。

・ほら、そういうところがいやなんだ。
・うれしくて、でもやっぱりくやしくて、そうはいってもうれしくて――。
・でも、いちばんおどろいているのは、ぼく自身だ。

「ぼく」の視点で語られているので、「ぼく」が父親の行動に納得できない心情や、うれしく感じている心情を容易に読み取ることができ、心情が変化していくことがわかりやすいのです。

②父親の心情

一方、「ぼく」の一人称の視点で語られることによって、わかりづらいこともあります。それは「父親の心情」です。「カレーライス」では、「ぼく」に寄り添い、心情の変化を読み取ることも大切ですが、注目したいのは作品の中で最も変容する「父親」です。父親は、「ぼく」のことを子ども扱いし、理解しようとしない大人として一貫して描かれています。これも、「ぼく」の視点で父親の姿が描かれているからです。

(1)「ひろしは、まだすねてるのか。」って、落ちこんでたのよ。
(2)「いいかげんにしろ。」とにらんできた。
(3)うれしそうに何度もうなずくお父さんを見ていると
(4)「今度は別の料理も二人で作ろうか。」と約束した。

(1)(2)(3)はどれも、「ぼく」が見たり、聞いたりした父親の様子ですので、その時の父親の心情が語られることはありません。読者も「ぼく」の視点から見た姿を基に父親の心情を想像するしかないのです。(4)は「ゲームは一日三十分」という子どもに規制をかける約束ではなく、大人同士の約束と見ることができます。父親は「ぼく」の成長を認め、対等に扱っているのです。この二つの約束の違いは、ぜひ授業で扱いたい部分ですが、父親がどんな思いで約束をしたのか、父親は中辛の特製カレーをどんな思いで食べていたのかなどは、「ぼく」から見た父親に関する叙述をつなぎ合わせて想像していく必要があります。

「カレーライス」は、一人称の語りだからこそのわかりやすさと、想像の必要性が含まれた作品です。その特徴を理解して授業を構成していく必要があります。

教材研究の目

象徴表現 3

①象徴としての「カレーライス」

文学作品の題名には題名そのものと作品内容が密接な関係をもち、その作品の象徴表現となっていることがあります。「おおきなかぶ」「お手紙」「やまなし」などは、作品の核となるものであったり、あるまとまった意味（主題）を読者に形作ることを促したりするものです。「カレーライス」も同様の象徴表現ということができます。

「ぼく」にとってカレーライスは大きく二つの事柄を象徴するものとして扱われています。一つ目は、「甘口」のカレーライスが象徴するものです。「甘口」のカレーライスについて「ぼく」は「あまったるくてしかたない。」「おいしくないのに、ぱくぱく、ぱくぱく、休まずに食べ続ける。」と甘くておいしくない、物足りないカレーライスとしてかなり否定的に捉えています。それは、「三年生のころまでは、すごくおいしかったのに。」「お子さま向けの、うんとあまいやつ。」「低学年のころは、ルウはいつもこれだった。」と表現されているように「甘口」のカレーライスが「ぼく」の幼さや子どもっぽさを象徴しているからです。「ぼく」はいつまでも自分のことを子ども扱いし、対等に扱ってくれない父親に対してもどかしさや苛立ちを感じ、仲直りすることができないのです。その不満の象徴といえるのがこの「甘口」のカレーライスなのです。

一方、「ぼく」の大人への成長や父親への不満の解消などを象徴しているのが「中辛」のカレーライスです。「お母さんと二人のときは、いつもこれだよ。」「うれしそうに何度もうなずくお父さんを見ていると、なんだかこっちまでうれしくなってきた。」と「中辛」を食べている自分を誇らしげに言ったり、「中辛」を食べていることをわかってくれたことに喜びを感じたりしています。大人っぽさ、成長を感じさせる「中辛」のカレーライスだからこそ、お父さんも「おまえ、もう『中辛』なのか。」と意外そうに、半信半疑で聞いたり、「そうかあ、ひろしも『中辛』なのかあ、そうかそうか。」とうれしそうに何度もうなずいたりするのです。

②中辛の意味するもの

また、甘口のカレーライスも中辛のカレーライスもどちらも「特製カレー」と表現されています。しかし、これまでに述べたように甘口の特製カレーと物語の最後に出てくる中辛の特製カレーは全くの別物です。「甘口」の特製カレーは子どもだった「ぼく」のためにお父さんが用意したものです。味も子ども向けで、成長した「ぼく」のことに何も気付かず与え続けているもの、昔はおいしかったが今はそう思うことができない過去のものでしかないのです。子どもの成長に気付かず一方的に接する父親の象徴、それが甘口の特製カレーです。

しかし、「中辛」の特製カレーは違います。「中辛」という「ぼく」の成長に父親が気付いてくれたことはもちろん、お父さんが切った不恰好な野菜を、芯が残らないように「ぼく」がしっかり煮込んでおいしくなるように仕上げていることも「中辛」の特長といえるでしょう。つまり、中辛の特製カレーはこれまでの一方的な関係ではなく、父親の不手際を「ぼく」がフォローすることでおいしく仕上げるという対等な関係で作り上げたカレーであり、「ぼく」と父親との関係の変化、父親の変容を象徴するものとなっているのです。

そして、「カレーライス」の最後の一文は「ぼくたちの特製カレーは、ぴりっとからくて、でも、ほんのりあまかった。」と締めくくられています。中辛の特製カレーは、「ぼくたちの」特製カレーなのです。二人で作ったからこそ「特製カレー」であり、「ぼく」の成長を喜ぶご機嫌なお父さんと食べるので、ほんのり甘いカレーにもなったのでしょう。父親が息子の成長を理解し、関係性や父親自身の成長の象徴表現となっているからこそ、「カレーライス」が表現しているものを丁寧に読み取っていく必要があるのです。

教材研究の目

現代らしい人物像・家族像 4

①家族の現実

佐々木（2009）は「カレーライス」における他の多くの作品との違いとして、現代らしい人物像・家族像を挙げています。そこでは、生活スタイルの変化などに起因する家族間の関係の変化という「家族の現実」が描かれていること、そこから他の作品にはない「家族の現実」を浮き彫りにすることが重要としています。そのために、「『僕』にとらわれず、父親や母親も含めた人物像を明らかにすることが有効である。そして、その人物同士がどんな関係性を結んでいるかを見ることが重要である」（同、77頁）と述べています。この関係性を見ていくために、佐々木はその父親像に関わって次の場面を取り上げています。

――確かに、一日三十分の約束を…（中略）…電源を切っちゃうのは、いくらなんでもひどいじゃないか。――

ここでは、「ぼく」の父親への不満が直接にひろしの声として語られています。「父が対等の扱いをせず、子ども扱いしていることに対する不満」（同前）と見ることができます。これは「子どもらしい不満」ではあるものの、「自分が約束を破ったことは悪いことだ、と自覚していることも読み取れる」ところです。つまり、「自分の悪いところを自覚」するとともに「父の対応を分析している」のであり、「大人っぽい考え方もできるようになりつつある子どもだ」とその人物像を見ることができるでしょう（同前）。このように、ひろしの言動を分析的に読むことで、具体的な人物像とその位置付けが明確になってきます。

それに対して父親について、「母親に「ひろしはまだすねてるのか。」」と言ったり、一方で落ち込んだ様子を見せたりしているとし、「「僕」が何に対して不満を持っているのか理解しておらず、また、わかろうともしていない」(同、77―78頁)としています。以降も、子どもらしさを残しつつ、父を分析する「ぼく」と、反対に「ぼく」が何に不満をもっているのかわからず、深く考えない父親の姿が繰り返し描かれています。

②「ぼく」と父親の二重性

このように、「ぼく」の人物像は単に子どもっぽいだけではなく、大人っぽい考え方もできるという点で「半分大人、半分子ども」(同、79頁)と描かれています。一方、「父親」は「ぼく」を子ども扱いしてその気持ちが理解できていません。さらに、父親としての厳格さに欠けた人物として描かれています。こうした特徴を踏まえ、「「僕」と同化して読むことだけを求めるのでは不十分」であり、「「僕」よりも父親の成長の方が大きい」と読むことが求められ、したがって「「僕」の目を通して、現代の家族相互の関わりと変化を描き出していると考える方が良いのではないだろうか」(同、81頁)といった解釈もなされています。

「半分大人、半分子ども」という「ぼく」の人物像は、やはりその言動において特徴的といえるでしょう。父親が体調を崩して出勤した後に「朝は時間がないんだから、…(中略)…ぼくはもう作れるのに。」「「うげえっ、そんなの言うのって…(中略)…むねのおくのどこかにいるんだけど。」のように、ひろしの思考内容には今の自分と大人としての自分との二重性がはたらいています。一方、父親も「もしもうし、ひろしくうん、聞こえてますかあ。」と言う一方で「「いいかげんにしろ。」とにらんできた。」のように親しみやすい父親と威厳を示す父親との二重性をもって描かれています。ひろしは自分と父親の二重性の狭間にあって自分がどうするべきか、どうあるべきかに思いをめぐらしているのです。こうした二重性に現代的な家族像を認めるとすれば、ひろしの自分のあり方についても現代的な文脈に照らし合わせて読む可能性が開けてくるでしょう。

教材研究を活かした単元計画と発問・交流プラン

1

題名に込められた秘密を紹介しよう

POINT

「題名に込められた意味」に着目して多読する

「カレーライス」は、「ぼく」のお父さんへの不満を象徴するものであり、「ぼく」の成長をお父さんに気付かせるきっかけとなるものでもあります。「甘口」のカレーライスは、小さな子どもだった「ぼく」とその成長に気付かない父親を象徴しています。一方、「中辛」のカレーライスは、思春期となり成長しつつある「ぼく」の姿を象徴しています。本作品は、このように題名のテクストと作品内容の象徴性が重なっています。そこで本単元では、何人かの作家を取り上げ、**「題名に込められた意味」**に着目した読みの力を身に付けていくことをねらいとします。

一次では、これまでに学習してきた教材文の題名をいくつか取り上げ、なぜその題名だったのかを振り返ります。「カレーライス」の意味も想像し、**「題名に込められた意味」を明らかにして本を紹介する**という単元のめあてを設定します。二次では、**「甘口のカレーライスと中辛のカレーライスはそれぞれ何を表しているのか」**という〈問い〉について交流し、題名に込められている象徴性を捉えていきます。三次では、他の作家の本の題名の付け方にも着目し、なぜその題名なのかを紹介するという言語活動を設定しました。作家は、教師の方でも何人か設定しておきます。なぜその題名なのかを中心に紹介することで、読む活動と言語活動がつながるようにしています。

単元計画

次	時	●主な発問〈問い〉　・学習活動	・留意点
一	1	**●「お手紙」「ちいちゃんのかげおくり」「なまえつけてよ」はどうしてこの題名なのでしょうか。** ・既習作品の題名の付け方について振り返り，題名には意味が込められていることを確かめる。	・象徴とするもの，人物，出来事，言葉など題名の付け方が違ういくつかの既習の作品を取り上げる。
	2	**●「カレーライス」を読んで，考えたことや感じたことを書きましょう。**	・学習者の疑問から〈問い〉を設定する。
二	3	**●場面ごとに「○○なぼく」という短い言葉でまとめましょう。その時の「ぼく」の心情もまとめましょう。** ・場面を四つに分け，作品の概要を把握する。	・表にまとめるとあらすじを捉えやすい。
	4	**●場面ごとに「○○なお父さん」という短い言葉でまとめましょう。その時のお父さんの心情もまとめましょう。** ・お父さんの視点から作品を捉える。	・「ぼく」の一人称で描かれた作品であることを確認し，父親の心情を想像する。
	5	**●「甘口」のカレーライスと「中辛」のカレーライスはそれぞれ何を表しているのでしょうか。** 交流	・「甘口」と「中辛」を比較し，「ぼく」とお父さんのそれぞれの立場から考える。
	6	**●「カレーライス」という題名に込められた意味をまとめましょう。**	・これまでの学習を基に題名についてまとめる。
三	7	**●他の作家の作品について題名に込められた意味をまとめましょう。**	・作品の何が題名になっており，なぜ，その題名なのかをまとめる。
	8	**●他の作家の作品を紹介しましょう。** 交流 ・題名に込められた意味を中心に作品を紹介し合う。	・同じ作家，違う作家とグループを変えながら交流する。

本時の展開例（第6時）

本時の目標　「甘口」「中辛」「特製カレー」という象徴表現が表すものを捉える

T1では、なぜ「カレーライス」という題名なのかを問いかけます。学習者は物語の中で「カレーライス」を食べたり、作ったりすることに重要な意味があることは容易に気付くと思われます。その中で、カレーライスには「甘口」と「中辛」の二つがあり、それぞれの意味が違うことにも気付き始めた時点で、「「甘口」のカレーライスと「中辛」のカレーライスはそれぞれ何を表しているのか」という〈問い〉を共有していきます。

T2では、この二つの象徴表現の違いを考えていくために、まず、〈問い〉に対して一人で考えさせます。その際、「甘口」と「中辛」のそれぞれが象徴するものを、類比、対比して考えさせます。大切なのは、**どの根拠に着目したかを明示させること**です。教科書や全文のテクストが書き込まれたプリントなどを用意して、着目したテクスト箇所に線を引かせたり、表や文、図としてまとめさせたりするといった配慮が必要です。こうすることによって、**T3**の交流の際、自他の読み方及びその異同を意識化することができます。学習者が、交流を通して、「甘口」が象徴する子どもっぽさや、「ぼく」の成長に気付いてくれない父親への不満と、「中辛」が象徴する「ぼく」の成長とそれを理解してくれた満足感を捉えていくことが期待できます。**T4**では、「特製カレー」という似た象徴表現について考えることで自らの読みを再認識し、自己の高まりの自覚を促す働きかけです。このことにより、作者が**象徴的なイメージに意味を込めており、題名に表されていること**を捉えていくことを目指します

本時の流れ

	●主な発問〈問い〉　・学習活動	・留意点
T1	**●どうしてこの作品は「カレーライス」という題名なのでしょうか。** C：カレーライスのおかげで仲直りができたから。 C：甘口と中辛のカレーがあって，それぞれ意味が違っていたから。	・「ぼく」や「お父さん」の心情の変化を想起し，「カレーライス」が変容に関わっていたことを確かめる。
T2	**●「甘口」のカレーライスと「中辛」のカレーライスはそれぞれ何を表しているのでしょうか。そう考えた根拠となる言葉に線を引きましょう。** C：「甘口」は子どもっぽい。 C：「中辛」は少し大人になった感じ。	・学習者が，「甘口」と「中辛」の違いに着目してきたところで，〈問い〉を設定する。 ・「甘口」と「中辛」の象徴するものを比較する。
T3	**●考えたこととその根拠を仲間と交流しましょう。** C：「あまったるくてしかたない。」「お子さま向けの，うんとあまいやつ。」「低学年のころは」という言葉が子どもっぽさと「ぼく」の成長をわかってくれないお父さんへの不満を表している。 C：「お母さんと二人のときは，～」「うれしそうに何度もうなずく～」という言葉が「ぼく」の成長やそれをわかってくれたことへの満足感を表している。	・仲間と交流して新たに見つけた根拠には色を変えて線を引かせる。 ・グループなどの少人数で交流後，全体でも共有する。 ・学習者の読みの内容だけでなく，着目した根拠を指摘する。
T4	**●二つの特製カレーは何が違うのでしょうか。** C：甘口と中辛で味が違う。 C：最後の特製カレーは二人で作ったカレーで「ぼく」の成長が表れている。 C：お父さんが「ぼく」のことをわかってくれたから，中辛でぴりっと辛いけれど，ほんのり甘く感じる。	・「特製カレー」という象徴表現に着目し，題名への理解を深める。ここまでに考えてきた「甘口」と「中辛」の違いを根拠にして特製カレーの違いを理解する。

教材研究を活かした単元計画と発問・交流プラン

2 重松清作品の魅力を紹介しよう

「空所」を明らかにして作品の魅力を伝える

物語作品には必ず「空所」が存在します。その空所の中から作品の読みを推進する本質的な〈問い〉を見いだし、学習者と共有することが大切です。本作品では、**「「ぼくたちの特製カレーは、ぴりっとからくて、でも、ほんのりあまかった。」のはどうしてか」**という〈問い〉が考えられます。教師の主体性を発揮しつつ、学習者と相談しながら単元を通して考えたい〈問い〉として設定していきます。

一次では、これまでの読書生活を振り返り、作家に着目するよう促していきます。重松清作品の並行読書を進め、良質な〈問い〉を設定することで作品の魅力を明らかにします。二次では、一人称の「語り」という特性を生かし、「ぼく」とお父さんの心情の変容を捉えていきます。そのうえで、「ゲームは一日三十分」と「今度は別の料理も二人で作ろう」という**二つの約束の違い**について考えることで、二人の関係性の変化について も明確にしていきます。二人の関係性の変化やお父さんが「ぼく」を認めてくれるようになったことが辛さの中に甘さを感じた理由であることを捉えていくのです。このような変化や、それが表された象徴表現の魅力に気付くようにしていきます。三次では、「カレーライス」の魅力とともに、重松清の他の作品とも読み比べ、紹介カードにまとめていきます。そうして、重松清という作家の魅力にも迫り、学習者の今後の読書生活も豊かにしていくことができるのです。

単元計画

次	時	●主な発問〈問い〉　・学習活動	・留意点
一	1	**●これまでにどのように本を選んできたか振り返りましょう。** ・これまでの読書生活を振り返り，作家「重松清」に着目していくことを確かめる。	・作家に着目して本を選んでいる学習者を取り上げて，方向付けを行う。
	2	**●「カレーライス」を読んで，考えたことや感じたことを書きましょう。** ・学習の計画を学習者と相談しながら設定する。	・学習者の疑問から〈問い〉を設定する。
二	3	**●場面ごとに「○○なぼく」という短い言葉でまとめましょう。その時のぼくの心情もまとめましょう。** ・場面を四つに分け，作品の概要を把握する。	・表にまとめるとあらすじを捉えやすい。 ・お父さんに対してどのような心情でいるかをまとめる。
	4	**●場面ごとに「○○なお父さん」という短い言葉でまとめましょう。その時のお父さんの心情もまとめましょう。** ・お父さんの視点から作品を捉える。	・「ぼく」の一人称で描かれた作品であることを確認し，父親の心情を想像する。
	5	**●二つの約束はどんなところが違うのでしょうか。** 交流 ・「約束」という視点から二人の関係性の変化を捉える。	・誰が，どうやって，何のために決めた約束かをまとめ，比較する。
	6	**●どうして「ぼくたちの特製カレーは，ぴりっとからくて，でも，ほんのりあまかった。」のでしょうか。** 交流 ・象徴表現への〈問い〉について考える。	・甘口と中辛の特製カレーに込められた意味や変化を整理し，比較する。
三	7	**●重松清作品について「カレーライス」と比べながらまとめましょう。** ・紹介カードにまとめる。	・キャッチコピーをつけて，作品の魅力を紹介する。
	8	**●重松清作品の魅力を紹介しましょう。** 交流 ・カードを読み合い，感想を伝える。	・重松清作品に対する感じ方の相違点や共通点を伝え合う。

本時の展開例（第6時）

本時の目標　最後の語りに二人の関係の変容に対する喜びが込められていることに気付く

T1では、「ぼく」とお父さんの関係を一番変えたものは何かを問います。このことにより学習者は、二人でカレーライスを作ることになったことや「ぼく」が中辛のカレーを食べていることをお父さんがわかったことだと気付き、それが題名となっているという構造を捉えていきます。

T2では、中辛の特製カレーに意識が向いたところで最後の語りに着目させ、**「「ぼくたちの特製カレーは、ぴりっとからくて、でも、ほんのりあまかった。」のはどうしてか」**という〈問い〉を共有します。中辛のルウで作った特製カレーなのでぴりっと辛いのは納得できます。しかし、**中辛なのにほんのり甘いというところに学習者はずれを感じ**、疑問をもつことになるのです。そのずれに込められた意味を考えさせます。

T3では、そのずれの答えをテクストを根拠にして明らかにしていきます。テクストを根拠にしなければ、「お父さんがこっそり甘口のルウを入れてくれたのでは」といった考えも出かねません。テクストに立ち返り、この中辛のカレーを作ることでお父さんが「ぼく」の成長に気付いてくれたことを確かめます。前時までの学習を生かし、「今度は別の料理も二人で作ろう」という対等な立場での約束ができるようになったことなども根拠にし、「ぼく」がここまでの変容によって喜びを感じていることが甘さの理由だと捉えます。

T4では、もう一度「特製カレー」という象徴表現に着目させます。ここまでの学習を基に「カレーライス」の物語における役割を捉え、題名と作品内容の重なりを捉えることを目指します。

本時の流れ

	●主な発問〈問い〉　・学習活動	・留意点
T1	**●「ぼく」とお父さんの関係を一番変えたものは何ですか。** C：特製カレーを作ること。 C：「ぼく」がもう中辛のカレーを食べているとわかったこと。	・「ぼく」とお父さんの関係の変容は「カレーライス」が大きく関わっており，題名にもなっていることを捉えられるようにする。
T2	**●どうして「ぼくたちの特製カレーは，ぴりっとからくて，でも，ほんのりあまかった。」のでしょうか。** C：中辛で作ったから辛さは感じる。 C：中辛なのにほんのり甘いのはどうしてだろう。	・ルウを中辛にして作ったのに，甘さを感じていることに学習者はずれを感じる。そこを〈問い〉として甘さを感じる理由を考える。
T3	**●考えたこととその根拠を仲間と交流しましょう。** C：「うれしそうに何度もうなずく」お父さんを見て，「ぼく」の成長をわかってくれたことがうれしかったから。 C：「今度は別の料理も二人で作ろうか。」と新しい約束もできて，今までと違う関係になれたことがうれしくて甘さを感じている。	・グループなどの少人数で交流後，全体でも共有する。 ・補助発問により甘口の特製カレーと中辛の特製カレーが何を意味しているのかも考えさせる。
T4	**●この作品で特製カレーが表しているのは何でしょうか。** C：「ぼく」とお父さんの成長や二人の関係の変化。	・「特製カレー」という象徴表現に着目し，学習をまとめる。中辛のカレーライスが象徴する成長や二人の関係の変化をまとめ，喜びがほんのり甘さを感じさせていることを整理する。

教材研究の目

場面設定

①里と森

石川（2001）は「雪わたり」の場面設定について、里と森との間の対立した世界から論じています。石川の論に基づいて、この物語における里と森、そしてそれぞれに生きる人間ときつねの関係について見ていきます。

「雪わたり」の物語は、人間が住む場所「里」ときつねが生きる「森」で展開されます。人間は里を切り開き、そこで村を構成して生活しています。基本的に、住み分けがなされているといえるのですが、時に人間は、野原を越え、森の近くまで開墾をすることで、里や畑を広げようとすることがあります。また、里へきつねを近づけまいと、野原に罠をしかけることがあります。また、きつねの側も森を出て、野原を通り、里まで出かけていくことがあります。そういった意味で、里と森との間に存在する野原は、人間ときつねが互いに領域を侵し合うことが繰り返される場であるといえます。それぞれの立場からすると、自分たちの領域に踏み込んでくる相手に対する警戒心が生まれることは当然ですし、時には相手に対する示威行動や威嚇行動にまで発展することがあるのは容易に想像できます。互いに相手側に対して、負の感情を抱いたり、先入観で捉えたりすることがあるのも自然なことでしょう。こうした「里に住む人間」対「森に生きるきつね」という図式が過去から続いてきたとすると、子どもである四郎とかん子もきつねに対する警戒心を抱くことにつながると考えられます。そして、きつねの子である紺三郎もまた、人間がきつねに対してしてきたことを知り、人間がきつねに対して偏った見方やあまりよくない見方をしていると感じているといえます（石川2001、55―57頁）。こう

教材文：『ひろがる言葉 小学国語 五下』教育出版（令和二年度版）より引用

した、里に生きる人間と森に生きるきつねとの関係性を踏まえて読んでいくことが大切です。

牛山（2001）は、森を人間にとっての異界と位置付けています。冒頭部分では、普段は子どもたちが立ち入ることのできない場所が、気象条件によって野原の上を子どもでも好きなだけどこまでも行ける状況が描かれています。いつもと違う状況が、四郎やかん子に新しい世界への入り口を開いたといえるでしょう。人間の領域ではない森へ二人の子どもを誘うきっかけとなったといえます。どこまでも行ける状況でありながら二人が森の近くで歩みを止めたのは、森は人間とは違う生き物が住まう場所、異界と捉えられていたからであると考えられます。二人にとって「雪わたり」は野原の上を自由に歩くことができるというだけでなく、里を出て森に至ること、きつねの領域に足を踏み入れることであるといえます（牛山2001、67―68頁）。

②領域を侵すことへの警告

石川（2001）は、里に住む大人の姿について論じています。紺三郎の話からすると甚兵衛は、人間ときつねの境界領域である野原ではなく、きつねたちの家の前に座って、一晩中浄瑠璃をしていたとされています。つまり、境界領域を越えて、きつねたちの領域を侵したと見なされても仕方ない状況であったといえます。幻灯会の写真によると太右衛門は、野原で酔っぱらって、饅頭に見せられた何かを食べており、清作もまた野原でほおの木の葉を器にした何かそばのような物を食べていました。どのケースも、境界領域まで人間が踏み込んだとされ、きつねからの警告を受けた場合の例として捉えられるでしょう。その一方で、幻灯会ではきつねの子が人間の領域を侵した絵も示されています。野原にまで出かけ、罠に左足を挟まれたこん兵衛の絵や、里にある四郎とかん子の家に入り、焼いた魚を盗ろうとしてしっぽに火がついたこん助の絵です。人間の大人の姿の写真もきつねの子の絵も、どちらも互いの領域を侵すことへの警告を示しています。どこで物語が展開されているかをおさえていくことで、登場人物の行動が示す意味が見えてきます。

教材研究の目 2 人物設定

①紺三郎ときつねの生徒たち

主要な登場人物として、きつねの子である紺三郎が挙げられます。一般的にきつねという動物に対しては、例えば「きつねの嫁入り」という言葉やその現象からもわかるように、不思議な現象を伴う存在や、人間が畏怖すべき存在として捉えられていることが感じられます。古来より伝わる伝説や、様々な物語に描かれる姿からは、神に近い存在感を覚えながらも、どこか邪悪さをイメージさせる霊異そのものであるとされてきました。そして、幼少期のどこかで聞かされたきつねにまつわる迷信や、本に登場するきつねの描かれ方からも、どこか不思議さがつきまといます。そのため、きつねに対しては、どこか警戒を怠ることのできない、油断してはならないと思わせる何かがあります。

しかし、そのようなイメージとは対極に位置する存在として描かれているのが紺三郎です。人間と比べても劣らない立派な態度で人間の子どもと対峙する紺三郎。たとえ相手が子どもであっても、丁寧な言葉を使って、きびだんごの作り方を堂々と説明をする姿からは威厳すら感じられます。このような姿からは、人間の子どもに、自分たちの無実を訴える役目を背負っているかのように思われます。きつね小学校の子どもたちもまた、紺三郎にならって、四郎とかん子を丁寧にもてなそうとする姿や、きびだんごを食べるか興味津々でいる様子や帰り際に手土産を渡そうとする様子から、これまでのきつねと人間の関係から脱却したい、きつねに対する負のイメージを払拭したいという思いを抱いていることが伝わってきます。「紺三郎や彼の生きる社会が人間社会と同じようなものであれば、狐はもはや異種ではあるが怪異な存在ではなくなる」（牛山２００１、70頁）

のです。

②四郎とかん子と三人の兄

四郎とかん子は、森できつねの子である紺三郎と出会い、きつね小学校の幻灯会に招かれます。兄である四郎は紺三郎と初めて出会う場面では、予期せぬきつねとの遭遇に警戒し、妹のかん子を自分の後ろにかばうという兄としての優しさや頼もしさを感じられる人物として描かれています。また、かん子は、兄の後ろに隠れながらも、きびだんごをくれようとする紺三郎に対して、歌いながら「うさのくそ」と言い返す子どもらしさがあります。大人たちからきつねに対するよくないイメージを感じ取っていた二人が、紺三郎との交流を通して、ついには幻灯会という場できつねが作った物を食べるという行為によって信頼関係を築くに至ります。人間ときつねとの新たな関係性を築くシンボル的な存在として描かれているといえます（牛山２００１、73―76頁）。人間ときつねの対立関係を読んでおくことで、この新たな関係性を築く「食べる」という行為の意味が理解されます。

四郎とかん子の三人の兄は、十二歳以上ということで幻灯会に参加できませんでした。しかし、大人のきつねに会った時の対応方法を教えてあげたり、きつねたちに鏡餅を持っていってはどうかと提案したりするなど、四郎とかん子がきつねとの出会いで困らないように助言する姿は、弟・妹思いであるといえます。大人と子どもの中間的な感覚で、きつねに対する興味を示す子どもらしさと、きつねへの畏怖の念を抱く大人っぽさをもち合わせた存在として描かれています。最後の場面では、四郎とかん子を野原まで出て出迎えるという兄らしい姿を見せています。その一方で、三人の兄を「黒いかげ」とあえて表現していることから、十一歳以下と十二歳以上に何らかの境界線が存在することを暗示しています。なぜここで「かげ」という言葉で表現しているのかを空所の〈問い〉としてみることが、人間ときつねの関係性を考えていく一助となると考えられます。

教材研究の目

象徴表現 3

①食べることの意味

この物語の山場は、四郎とかん子が、きつねが作ったきびだんごを食べる場面であるといえます。出会った当初から、紺三郎は二人に自作のきびだんごを食べることを勧めていました。しかし、「もちを食べたばかりでおなかが減らないから」とやんわりとそれを断る四郎でした。ただ単に、おなかの具合いによって食べる食べないといった話ではなく、もらった物を食べることに大きな意味があると考えます。

幻灯会では、酔っぱらった人間の大人の例として、おじいさんの太右衛門と若者である清作の写真が示されます。野原で、何かおかしな丸いものを饅頭として食べた太右衛門と、ほおの木の葉でこしらえた器の中にある何かをそばとして食べた清作の姿を幻灯で四郎とかん子は見ています。「教材研究の目1・2」で述べたように、人間である以上、二人もきつねに対する負のイメージを抱いている部分があり、この時点では、きつねに騙されて食べさせられたというイメージが払拭されていません。また、物を口にするということは、生命を危険にさらす可能性もある場合もあるということを知っているはずです。そのような状況で、きつねが作ったきびだんごを食べるということは、よほどの勇気がなければできないことなのです。「すっかり弱ってしまいました。」という表現からもわかるように、きつねから何かをもらって食べることへのためらいの気持ちは、それまで確かにあったといえます。そうした状況でだんごを食べる行為は、「狐たちを信用しているということを示す」（牛山2001、75頁）ことになったといえます。また、きびだんごを食べるところで、「四郎が、決心して言いました。」とありますが、牛山はこの「決心して」について田近（1993）の論を参照しながらこの言葉が四郎自身のきつねへの不信感を否定しようとしたものであり、「四郎は、「狐への不信の気持ち」を食べるという行動に託して「自ら否定しようとした」のだ」（牛山2001、75頁）としています。本当はきびだんごではないかもしれない、食べたらいけないものなのかもしれないという不安を抑えて、ついに二人はきびだんごを食べます。食べるという行為によって、きつねたちを信用していることを示そうとしたわけです。きつねの生徒たちが二人を見守る中で、きびだんごを全て食べることで、試練を乗り越えたのです。大人がいない場面で、自分の判断で食べる姿がきつねを感動させて、信頼を得るには十分だったといえます。

②歌うことの意味

本作品中には、歌う場面が多く出てきます。雪国の伝承歌を出して雪国の生活を表現するという一面だけでなく、歌う行為に込められた意味があると考えられます。牛山（2001）は、四郎とかん子が森に向かって歌いかける場面について「〈森〉という異界を畏れ、まずはそれに向かって自分たちの来訪を告げる、投げかけの囃し言葉だ」と述べ、また、幻灯会後のきつねの大合唱を取り上げ「ここに歌われているのは、リズムの明るさにそぐわないような、死をも覚悟した悲壮な決意表明」と述べています。「雪わたり」ができる特異な気象条件だけでなく、森に向かって歌うことで、きつねの世界とつながることになると考えられます。歌いかけることに対して、紺三郎が応え交流が始まりました。また、「つりこまれて」という表現で、紺三郎とともに歌いながら踊る四郎とかん子が描かれていました。歌を通して、きつねと人間との交流が生まれたといってもよいでしょう。そして、きつねたちが涙を流して大合唱する場面の決意表明。歌が出てくる場面には、歌によってもたらされる何かが存在しているといえます。登場人物が歌う場面では、その背景にある意味を考える〈問い〉を投げかけることで読みを深めるきっかけとなると考えます。

教材研究の目 4 物語の構造

①全体構成

この物語は、大きく二つの場面に分けられ、それぞれにきつね主体の小見出しがついています。

〈その一（子ぎつねの紺三郎）〉 いつもは歩けない野原に「雪わたり」をすることによって、四郎とかん子が出かけていくところから物語は始まります。「雪わたり」とは何であるかが、具体的に示される場面となっています。子ぎつねの紺三郎と出会いますが、まだこの時は、きつねに対する警戒心が見え隠れする四郎とかん子が描かれています。

〈その二（きつね小学校の幻灯会）〉 再び雪が固く凍った夜に幻灯会が開かれることを思い出して、四郎とかん子が出かけようとするところから始まります。年齢制限によって会に参加できないことを残念がりながらも、鏡餅を持たせてやろうとしたり、大人のきつねに出会った時の対処法を教えたりするなど年長者らしいふるまいを兄たちはします。幻灯会によってきつねとの交歓を果たす四郎とかん子とは対照的に「黒いかげ」という言葉で兄たちが表現され、その黒いかげは、実は兄たちでしたというある種、不気味な終わり方をしていきます。

〈その一〉、〈その二〉のどちらの場面も、「四郎とかん子の家」→「野原」→「森」「林」→「野原」→「四郎とかん子の家」という流れになっています。野原を越えることができるのは、「雪わたり」ができる時です。「雪わたり」ができる状態の野原を行き来することは、ただ単に場所を移動するという意味だけではなく、「雪わたり」によってきつねとの交流が生まれる場所、ある意味、現実世界と異界との橋渡しに「雪わたり」がなっていることがいえます。物語の構造に沿って読んでいく場合、〈その一〉では「狐はこわいものなのだ」という「心象的フレーム」（石川２００１、50頁）がはたらいており、それが〈その二〉においていかにして「更新」されていくのかが問われることになります。題名に込められた意味を考えるといった〈問い〉を立てて追究していく学習に関連させていくことも考えられます。

②対比関係

全体構成で述べた〈その一〉と〈その二〉を対比関係から捉えると、「昼」と「夜」の世界が対比されているといえます。同じように、対比関係がこの物語には多く存在しています。分類しながら大まかなところを挙げていくと次のものがあります。

〈自然・色〉「昼」と「夜」／「明」と「暗」／「青」と「赤」
〈登場人物〉「人間の子ども」と「きつねの子ども」／「大人」と「子ども」／「人間」と「きつね」
「きつね」と「鹿」／「幻灯会に参加できた二人」と「幻灯会に参加できなかった三人」
〈食べ物〉「鏡餅」と「きびだんご」

それぞれがどのような対比関係にあるのか、それぞれがどのような意味をもつのか、その場面で出てくる意図を考えながら読んでいくことで、主題に迫ることにつながったり、より確かな理解につながったりすると考えられます。背景にあるものや、何を象徴しているのかを指導者が補いながら学習していくことで、より理解が深まると考えます。

教材研究を活かした単元計画と発問・交流プラン

1 「雪わたり」の魅力を紹介しよう

POINT 表現の効果に着目しながら読む

本教材は、他の宮沢賢治作品と同様に魅力的な表現が随所に見られます。まるで、その場にいるかのように感じられる情景描写、生き生きとした人物描写、心地よい繰り返しのリズム、宮沢賢治ならではの独特なオノマトペなど、豊かな文章表現を子どもたちが味わえるようにしたいと考えます。

二次では、人物像を捉える際に、登場人物の言動から見えてくる**きつねに対する言動や見方**もおさえておくと、山場での四郎とかん子の変容が理解しやすくなります。山場を考えた後、**「四郎とかん子が、きびだんごを食べたのはどうしてでしょうか」**という〈問い〉について考えます。四郎とかん子の紺三郎をはじめとするきつねへの見方が変化したことを捉えるためには、前後の場面と読み比べていくことが必要となってきます。その後、これまで学んだことと情景描写の工夫とその効果を関連付けて考えていきます。

三次では、**「『雪わたり』の魅力が伝わる表現を三角柱に表す」**という言語活動を設定しました。A4サイズの画用紙や上質紙を折って三角柱にします。その三面に①魅力が伝わる表現、②その表現を選んだ理由、③選んだ表現のイメージ画をそれぞれ書いて（描いて）いきます。ある場面の一文や、部分に絞り込んで表現することで、よりそれぞれの子が魅力を感じた部分が凝縮され、思いが伝わります。なぜその表現を選んだのか、理由を明確にするために、表現の工夫や魅力に着目して読む必然性が生まれると考えます。

単元計画

次	時	●主な発問〈問い〉 ・学習活動	・留意点
一	1	**●「雪わたり」を読んで，感じたことや考えたことを書きましょう。** 交流 ・感想を交流した後，子どもたちと一緒に学習計画を立てる。	・感想の交流で出てきた疑問点や，多くの子が感想を抱いた点を基に〈問い〉を考えるとよい。
二	2	**●登場人物や出来事を確かめて，あらすじをつかみましょう。** ・四郎とかん子がきつねに会える時はどんな時であるかを確かめる。	・物語が展開されている場所と位置関係をおさえる。
	3	**●登場人物の言動に着目して読み，人物像を捉えましょう。** 交流	・出来事に対する言動を丁寧に読んでいきたい。
	4	**●四郎とかん子が，きびだんごを食べたのはどうしてでしょうか。** 交流 ・物語の山場を探し，登場人物の変容を考える。	・四郎とかん子のきつねに対する見方がどう変わったのか，場面を比べて考えるようにする。
	5	**●表現の工夫による効果や，思ったことを紹介し合いましょう。** 交流	・次時の活動につながるように，表現の工夫の観点を示してもよい。
三	6	**●「雪わたり」の魅力が伝わるお気に入りの表現が伝わる三角柱を作りましょう。** ・魅力的な表現とそれを選んだ理由，その表現のイメージ画を画用紙の三角柱のそれぞれの面に表現する。 **●三角柱を見て回り，感想を伝え合いましょう。** 交流	・イメージ画が描きにくい表現を選んだ場合は，イメージカラーでもよいことを助言する。

本時の展開例（第4時）

本時の目標　山場を見つけ、四郎とかん子の行動や心情に着目して読み、変容に気付くことができる

T1では、まず「雪わたり」の山場を明確にしていきます。既習の単元で山場について学習している場合は、そこでの学習内容を想起できる助言をするとよいでしょう。**「中心人物の言動や心情が大きく変わるところ」や「他の登場人物との関わり方の変化」**といったところから、山場は見つけられます。

T2では、これまで拒んでいたのに、なぜ、四郎とかん子は幻灯会で、きつねが作ったきびだんごを食べるに至ったのかを考えていきます。この場面の四郎とかん子の言動はもちろんですが、これまでの場面での四郎とかん子の言動と紺三郎の言動にも着目できる助言をするとよいでしょう。**決心してきびだんごを食べるに至るまでの四郎とかん子の心情の変化や紺三郎の二人に対する丁寧なふるまいやきつねの生徒たちの様子をおさえていく**ことで、食べた理由を理解できると考えます。T3において、根拠となる表現を四郎とかん子の側と紺三郎ときつねの側とそれぞれ整理していくことで、食べるに至った理由が明確になってきます。直前まで戸惑っていたことも、ここでおさえておきましょう。T4では、**四郎とかん子のきつねに対する見方の変化を明確にしていきます**。「〜という存在から〜な存在に変化した」というように答え方を示し、キーワード化していくことで、本時の学びを確かめるとともに、一般化していくことをねらっています。**個人でキーワード化した後に、三人組など少人数交流を仕組み、それぞれの意見からよりよい表現を精選していき、一つのキーワードにまとめていく**といった活動を設定することも考えられます。

本時の流れ

	●主な発問〈問い〉　・学習活動	・留意点
T1	**●「雪わたり」の山場はどこでしょう。** C：幻灯会だと思う。 C：四郎とかん子がきびだんごをついに食べるところだと思う。	・物語の中で中心人物の心情や行動が大きく変わるところに着目するとよいことを確認する。
T2	**●四郎とかん子が，きびだんごを食べたのはどうしてでしょうか。根拠となるところに線を引きましょう。** C：「この次におよばれしようか。」 C：「決心して」	・根拠として線を引く時は，単語やできるだけ短い言葉や部分に絞り込むよう助言する。 ・線を引いたところからわかることをノートに記述するようにする。
T3	**●根拠とそこからわかることを仲間と交流しましょう。** C：「この次におよばれしようか。」と前に四郎が言ったから約束を守ろうと思った。 C：「決心して」とあるから，迷う気持ちも，もちろんあったけど，紺三郎さんのことを信用して，やっぱり思い切って食べた。	・三人組などの少人数で交流した後，全体で交流する。また，そこで仲間の意見から気付いたことを誰の意見か明示して，ノートに付け加えるようにする。
T4	**●四郎とかん子にとって，きつねに対する見方は，どのように変わったのだろう。「～存在」という言葉につながるキーワードで表現してみよう。** C：警戒すべき存在→信用できる存在 C：対立する存在→共存する存在 C：騙し騙される存在→互いに尊重し合う存在	・これまでのきつねに対する負のイメージを改め，よいイメージで捉えていることが表現できるとよい。 ・個人だけでなく，三人組など少人数で交流しながら，よりよい表現を考え，代表者が発表するという方法もある。

教材研究を活かした単元計画と発問・交流プラン

人間ときつねとの関係に着目して読もう

2

POINT きつねに対するイメージに着目して読む

本単元は、人間ときつねとの関係性・人間のきつねに対する見方について焦点を当てています。人間の大人の見方と四郎とかん子の見方の違いを明確にしていくことをねらっています。

一次では、きつねに対しての人間のイメージを共有する時間を位置付けます。これまでに自分が読んだことのある物語や、故事・ことわざ・慣用句等でのきつねのイメージを「プラスイメージ」「マイナスイメージ」に分けて整理していきます。こうしたきつねに対する人間の見方が、物語にも関連していることに気付くことができる土台を築いておきます。

二次では、登場人物がきつねに対してどう思っているのか、きつねに対する言動の変化や心情の変化から明らかにしていきます。それを踏まえて、学習者自身がきつねに対しての見方がどう変化したのかを根拠を明確にして考えていきます。

三次では、**「続き話を書く」**という言語活動を設定しました。幻灯会に参加できなかった兄たちが、わざわざ家の外まで迎えに来たことに気付くところで物語は終わります。その後の兄たちとの会話やきつねとの関係を想像して書いていくことを、単元を通して意識しながら学習することで、より登場人物の言動や人間ときつねとの関係に着目して読んでいくことができるであろうと考えて設定しました。

単元計画

次	時	●主な発問〈問い〉　・学習活動	・留意点
一	1	**●「雪わたり」を読んで，感じたことや考えたことを書きましょう。** 交流 ・これまでに学習した物語文やことわざなどから，きつねについてのイメージを確かめ，学習計画を立てる。	・感想を発表する際に，自分が抱いているきつねに対するイメージと比較して話すようにするとよい。
二	2	**●登場人物や出来事を確かめて，あらすじと人物像をまとめましょう。**	・人間が生活する里ときつねが生活する森，その間にある野原といった位置関係をおさえておきたい。
	3	**●それぞれの人物のきつねに対する見方がわかるところに線を引き，そこからわかることを書きましょう。** 交流	・それぞれの人物のきつねに対する言動を丁寧に読んでいく。
	4	**●人間ときつねの関係について考えたことを書きましょう。** 交流	・第１時までに抱いていたきつねに対するイメージが，学習によってどう変化したのか根拠を明確にさせる。
	5	**●学習してきたことを基に，続き話を書きましょう。** ・迎えにきた兄たちと合流したところからの展開を想像して続き話を書く。	・これまでの学習で学んだことや本文の叙述を根拠に書いていくことを確認する。
三	6	**●「「雪わたり」のその後交流会」をしましょう。** 交流 ・続き話を読み合い，感想を伝え合う。	・続き話を直接回し読みをするという方法だけでなく，ICT を活用した方法も考えられる。

本時の展開例（第3時）

本時の目標　場面を比べて読み、人間ときつねとの関わり方を読むことができる

T1では、「雪わたり」に出てきた人物をきつねとの関わり方によって整理していきます。**きつねとの関わり方における大人と子どもの違いを明確にする**ために、紺三郎の話や幻灯に出てきただけの人物も、大人ときつねとの関係を明らかにするためにここでは取り上げることとします。

T2では、それぞれの人物のきつねに対する見方を読んでいきます。その際に大切なのは、**きつねに対する見方がわかる根拠となる言動を見つけるだけでなく、なぜそうするのか、なぜそう言うのか、その背景を考えていく**ことです。少人数交流や全体交流の際に、根拠となる叙述を明確に示すことで、同じ叙述からでも、様々なことを読み取ることができることに気付くことができます。T3の交流によって、学習者たちは、他者の考えに触れ、考えを広げていくことが期待できます。T4は、本教材の**空所の一つである「なぜ、幻灯会には十二歳以上は参加できないのか」について考える**場面です。明確な答えは、本文には記述されてはいません。しかし、三人の兄を「黒いかげ」という、どちらかといえば暗いイメージの言葉で表現されていることや、わざわざ外にまで四郎とかん子を迎えに出ていることから、同じ子どもであっても、四郎やかん子とは一線を画す存在であることが想像できます。きつねの子どもたちとともに踊った二人に対し、やはりどこかできつねとの交流を心配している三人。その背景にある心情や状況を想像することで、十一歳以下との違いが浮き彫りになると考えます。

本時の流れ

	●主な発問〈問い〉 ・学習活動	・留意点
T1	**●人間ときつねとの関わりを分類してみましょう。** C：四郎とかん子＝紺三郎と出会う 幻灯会に参加 C：三人の兄＝幻灯会に参加できない C：甚兵衛＝紺三郎の話に出てくる きつねの家の前にいた C：太右衛門と清作 ＝幻灯で紹介 お酒に酔って野原で何か食べた	・きつねとの関係，幻灯会との関連等，視点ごとに整理していく。
T2	**●それぞれの人物のきつねに対する見方がわかるところに線を引き，そこからいえることを書きましょう。** C：四郎とかん子＝きびだんごを食べた。 C：三人の兄＝鏡餅を持たせた。	・根拠として線を引く時は，単語やできるだけ短い言葉や部分に絞り込むよう助言する。 ・線を引いたところからわかることをノートに記述するようにする。
T3	**●きつねに対する見方がわかるところとそこからいえることを仲間と交流しましょう。** C：四郎の「後ろにかばって」から，きつねが何か悪さをするかもしれないと警戒している。	・三人組などの少人数で交流後，全体で共有する。 ・交流する際は，根拠となる記述を明確にする。
T4	**●三人の兄は，なぜ幻灯会に参加できなかったのか想像して考えよう。** C：「三人の黒いかげ」とあるから，よくないイメージ。 C：大人のきつねへの対処法を伝えたり，手土産に鏡餅を持たせたり，子どもでもあり，大人のような気遣いができる部分もあるから。	・叙述を根拠に考えるようにする。

教材研究の目 1 人物の設定

教材文：『新しい国語 五』東京書籍（令和二年度版）より引用

①クライマックスを支える設定

この作品は、クライマックスが印象的な作品です。クライマックスでの出来事により、登場人物の考え方も大きく変わる物語となっています。その魅力的なクライマックスを支えているものは何でしょうか。どのような要素がクライマックスを盛り上げているのでしょうか。その一つに「登場人物の設定」が挙げられます。

このお話に登場する中心人物は、王子様です。王子様が誕生日に「世界でいちばんやかましい音が聞きたい。」と願うところから、話が進んでいきます。そんなことを願う王子様はどのような人物なのでしょう。

---

(1)ガヤガヤの町のやかましい人々の中でも、とりわけやかましい

(2)六つにもなっていないのに、たいていの大人よりも大きな音を立てることができる

(3)大声でわめき散らしながら、お鍋と薬缶をぶつけ合わせ、おまけにヒューッと口笛を鳴らすことができる

(4)大好きな遊びは、ドラム缶とブリキのバケツを高く積み上げて山にして、大きな音を立てて崩すこと

「はじめの場面」のこれらの叙述から、やかましい音を人一倍好む人物であり、またそうした音を自分自身で出すことができることがわかります。また、舞台となるガヤガヤの都は、アヒルの鳴き声も、戸の閉まる音も、おまわりさんの笛の音も世界中のどこよりもやかましく、世界でいちばんやかましい町とされています。

そんな町で生まれ育った王子様だからこそ、やかましいことがよいことと認識し、王子という立場によってその「よいこと」を周囲に求めるという人物像も見えてきます。さらに、どんなに音をやかましくしても、これで十分という気持ちになれない王子様がいることもクライマックスにつながる大切な人物像の一部となります。どれだけ音を大きくしても満足できず、「もっとやかましい音が聞きたい。」という願いをもって生活をしていたからこそ、「山場に向かう場面」では、王様の提案内容に対し、「前に聞いたことがあるよ。」と、不満げに返事をしました。そして、最終的には、世界中の人が、一人残らず、同時に「ワアー」と叫んだら、世界でいちばんやかましい音を聞くことができると王様に自ら提案するに至ります。

②王子様の関心とクライマックス

誕生日当日、世界でいちばんやかましい音が始まるのを、バルコニーで今か今かと王子様は待っています。王子様はやかましい音以外には関心がないという極端な関心の向け方をしていることがわかります。

このように「はじめの場面」から王子様の人物像に徹底した一貫性が見られることがクライマックスを盛り上げています。読み手は、話が進む中で、王子様の行動描写や会話文から、王子様の人物像を構築しながら読み進めていくため、王子様が誕生日をどんな気持ちで迎えたのか、王子様がどんなことに喜びを感じるのかなどを踏まえて、沈黙というクライマックスを受け止めることになるからです。それにより、沈黙に事件性を感じ、危機感を覚えます。世界でいちばん大きな音を聞けると期待していたのに聞けず、王子様は怒るに違いない、悲しむに違いない、ということを予想させるからです。しかし、読み手のその予想を裏切り、王子様はうれしそうに手を叩き喜びます。生まれて初めて自然の音を聞いた王子様は、静けさと落ち着きを知り、それをすっかり気に入ります。この予想外の展開がクライマックスを盛り上げていますが、それは「はじめの場面」や「山場に向かう場面」で人物の設定が明確になされているという要素が関係していると考えます。

教材研究の目

構成・展開の工夫

2

①どんでん返し

「世界でいちばんやかましい音」は、綿密な構成により、予想を超えるどんでん返しの結末が印象に残る面白い作品です。「別に悪気はなかったのですが、…」という表現を繰り返しながら、他の人が叫ぶ声を聞こうという考えが、世界中に広まっていく様子をテンポよく伝えています。学習者も途中からは、「これはもしかしたら…」とオチを想像し始めます。物語のプロットが強く意識される展開であり、オチが気になって予想をはたらかせずにはいられないほど話がわかりやすく進んでいくのです。そして、予想通り世界中の人々が他の人の声を聞こうとして声を出さずに沈黙が起こります。しかし、話はここで終わらず、学習者の予想を超えた世界へと広がっていきます。世界中の人々が沈黙し、世界でいちばんやかましい音が聞けなかった王子様は怒ったり悲しんだりするだろうと思わせておいて、王子様が喜んだところに、どんでん返しの面白さがあります。そして、学習者も王子様の誕生日が台無しにならずに済むというクライマックスにホッと胸をなでおろします。そして、それ以上にこの予想外の展開に驚きと興奮、感動を覚えるとともに、物語の主題が問いかけられます。

②場面の役割

学習者を飽きさせることなく、最後まで一気に読ませるこの作品は起承転結で構成され、山場が理解されやすくなっています。それだけに、「はじめの場面」「山場に向かう場面」などを確認するだけでなく、各場面がどのように関連し、どのような役割を果たしているのかを考えることが、物語を読むうえで大切になります。そのために、まず「はじめの場面」「山場に向かう場面」「山場」「結末」で何が描かれているのかを整理します。

【はじめの場面】
世界でいちばんやかましい町とはどんな町なのか
世界でいちばんやかましい町の王子様はどんな人物なのか
「世界でいちばんやかましい音が聞きたい。」と願う王子様

【山場に向かう場面】
お誕生日おめでとうと叫ぶことに賛成した世界中の人々
他の人の叫ぶ声を聞こうと考えた世界の人々

【山場】
誕生日に沈黙した世界の人々
生まれて初めて自然の音を聞き、静けさと落ち着きを知り、それを気に入った王子様

【結末】
世界でいちばんやかましい町が、世界でいちばん静かな町へと変わる

次に、各場面があるのとないのとでは、作品の盛り上がりがどのように変わるのかについて考えていきます。「はじめの場面」は「結末」での町や登場人物の変化を強調するためにも必要と考える意見が多く出ます。また、それだけでなく、「はじめの場面」で王子様の人物像が描かれているため、「世界でいちばんやかましい音が聞きたい。」と願う王子様の気持ちを理解することにもつながります。また、「はじめの場面」があるからこそ、「山場」での王子様の期待する気持ちを想像することができます。「山場に向かう場面」は、王子様が「世界でいちばんやかましい音が聞きたい。」と願うことで物語が進んでいくため重要な場面です。また、世界中の人々の間に他の人の叫ぶ声を聞こうという考えが広がり、これから起こる出来事を予想させる効果があるため、この場面もクライマックスを盛り上げるために重要であると考えます。このように、場面や人物の設定を明らかにしたり、変化をわかりやすくしたりするなど、各場面には役割があります。そして、どの場面もクライマックスにつながっており、展開について考えることは作品の素晴らしさに気付かせることでもあるのです。

教材研究の目

場面の変化

3

①言葉に着目する

この作品は「はじめの場面」と「山場」「結末」を比較することで、登場人物や町の様子の変容を捉えることができます。また、「やかましい町」が「静かな町」へ、「やかましい声でクワックワッと鳴く」が「やわらかな声でクワクワと鳴く」へなど、対比的に描かれた表現が多く存在するため、学習者がそれらの表現に着目し、人物や町の様子の変容をまとめることは、さほど難しくないと考えます。しかし、変化のわかる部分に着目するだけでは、「世界でいちばんやかましい町」から「世界でいちばん静かな町」になった、「やかましい音が好きだった王子様」から「静けさと落ち着きが好きな王子様」になった、という単純で表面的な理解で終わってしまうことが考えられます。内容をより豊かに読むことで、自分の考えを深めるなど、読むことの楽しさを味わうことができる学習へと深化させていくために、言葉への自覚を高めることが必要です。

②例文を作って考える

例えば、「「わめく」か、「どなる」かしていた人々が「静かに話す」ようになりました」という発言をした学習者がいるとします。この学習者は、変容を読み取るために、どのテクストに着目すればよいのか、対比的に表現されている部分を見つけることができています。しかし、必要なテクストを抜き出せても、どのように分析すればよいのかわかることや考えたことを述べるなど、分析するという意識が足りません。では、どのようにすればよいのでしょうか。その一つに、例文を作り、それを基に考えを述べるという方法があります。

「おもちゃ売り場で「買って買って」と子どもがわめいている」という例文からは、床に転がりながら、何度も叫び、買ってもらえないことに対する不満を表現する幼い子の様子が目に浮かびます。「悪さをしてどなられる」という例文からは、強い口調で怒られている様子が目に浮かびます。これらの例文を通して「わめく」と「どなる」には、どちらも大きな声だという共通点が挙げられます。そして、不満であったり、怒りであったり、感情の種類は多少違いますが、どちらも負の感情だと分析することができます。このように分析するという意識をもつことで、着目したテクストは同じでも、結論に至る根拠は一つではありませんから、学習者の思考が続き、発言も続くことになります。例えば、先程の発言に続けて「「命令をどなるように言う」のように、「どなる」は命令する時にも使います。テクストで登場する「けっ飛ばせ」「ふみ鳴らせ」という言葉も命令形です。どなられたり命令されたり、なんだか居心地が悪そうな町に見えてきました」と続けて発言する学習者もいるかもしれません。さらに「やかましい町」が反対の意味をもつ「静かな町」に変わったことは理解できても、なぜそれが「平和」につながるのか説明できなかった学習者も、仲間の発言を聞きながら「不満や怒りからは戦争が起こりそうだけれど、「やわらかな声」や「すっと」「やさしくそっと」からは心のゆとりを感じるから「平和」ということにつながるのだと考えました」など、なんとなくではなく「平和」であることを他の描写とつなげて考えるようになるなど、学び方を理解し、考えを深めていくことができます。

　他にも、**「なぜやかましい音が好きだった王子様が、自然の音を聞き、静けさと落ち着きをすっかり気に入ったのでしょうか」「なぜ、町の入り口の立て札の言葉が「これよりガヤガヤの都」から「ようこそ、ガヤガヤの都へ」に変わったのでしょうか」**と問うことは、テクストにある情報を関連付けながら考えることにつながります。場面の変化に着目し、そのような〈問い〉を立て、考えることが「対象と言葉、言葉と言葉の関係を、言葉の意味、働き、使い方等に着目して捉え直したり問い直したりして、言葉への自覚を高めること」につながり、読みをより深めることができます。

教材研究の目

オノマトペ・繰り返し 4

①オノマトペ

この作品は、オノマトペが多用されているところに特徴があります。オノマトペは、短い言葉でテンポよくやかましい町の様子を具体的にイメージさせるなど、作品の魅力となっています。

世界中のどこのおまわりさんよりもけたたましい音でピーッと笛をふくこと

「ピーッ」という表現からは、びっくりするような鋭く高い音を想像することができます。そこから顔を真っ赤にして力いっぱい息を吹き込むおまわりさんや、その音を聞いて驚き、背筋を伸ばしたり、肩に力が入ったりする町の人々の様子や落ち着かない人々の心情までも想像することができます。それは、「ピーッ」というオノマトペが「けたたましい音」という言葉の意味をリアルに表現し、臨場感を生んでいるからこそ膨らむ想像なのです。このようにオノマトペは、イメージを喚起させやすく、読者の想像力を膨らませます。大切にしたいことは、オノマトペからどのような状況や様子を想像したのかを具体的に交流することです。本来オノマトペは、五感によって得られる感覚を言葉で表現したものであり、伝えることが難しい動きや感覚を伝えやすくするという利点があります。しかし一方で、「ドキドキ」というオノマトペが「喜び」の感情に近いのか「驚き」の感情に近いのかなど、読み手の受け取り方が幅広くなる時もあります。つまり、オノマトペは感覚的に伝わりやすい言葉ではあるものの、曖昧になる部分もあるので、想像したことを交流することを通して、文脈の中でより正確に理解することが大切です。比較対象があると学習者も説明しやすくなります。「クワッ クワッ」と「クワクワ」では、どのように違うのか、「ドシン」と「スタスタ」「トコトコ」「ペタペタ」では、どのように違うのか、というようにです。杉川（２０１７）は「作者の表現の工夫に着目することは、恣意的な読みに偏ることなく、根拠をもった読みの力を育むことにつながる」（同、54頁）と述べています。想像したことを交流しながらオノマトペの効果を実感するとともに、根拠をもった読みを行い、内容の理解を深めます。

②繰り返し使われる表現

他にも、書きぶりの特徴として、繰り返し使われる言葉が多くあります。

A　自分たちの町の〇〇が、世界中のどこの〇〇よりも□□。

B　山をどんどん、どんどん高くしていき、音をどんどん、どんどんやかましくしていきました。

C　もっとやかましい音が聞きたい。もっともっとやかましい音が聞きたい。

D　別に悪気はなかったのですが、…

Aは、ガヤガヤの都が世界中のどこよりもやかましいことを、わかりやすく伝えています。BとCは、やかましい音が好きな王子様を印象付ける効果があります。Dは、他の人の叫ぶ声を聞こうという考えがテンポよく世界中に広まっていく様子を伝えています。また、悪気がなかったことを印象強くしています。それは、「だれも、王子様の誕生日を台なしにするつもりはありませんでした。」や「王子様の誕生日をお祝いするはずだったのに…」の省略に表れている後悔へとつながり、王子様にとっても、人々にとっても、悲しい誕生日になるという予感をさせます。だからこそ、ラストのどんでん返しの展開を引き立てることにつながっているのです。

教材研究を活かした単元計画と発問・交流プラン

1 作品の奥の深さに迫ろう～ポップコンテスト～

POINT 内容をより豊かに読み味わう

一次では、**「テクストを根拠に答えられる〈問い〉」「簡単に答えが出せず、答えがいくつも考えられるような〈問い〉」**であるかを意識しながら、今後の学習で追究していく〈問い〉について話し合います。また、三次の活動内容を知り、「場面・人物の設定」「構成・展開」「書きぶりの特徴」に着目して、内容を読み深めていくという課題意識をもたせます。二次では、一次で立てた〈問い〉に対し、叙述を基に根拠を明確にしながら、内容をより豊かに読み深める活動を行います。例えば、「静か」ということが、なぜ「平和」につながるのかを考えさせます。「平和」の対義語を「争い」と考え、思いやりのない「争い」と「わめく」「どなる」「けたたましい」から読み取れる激しい感情や不快さに共通点を見いだす学習者もいます。さらに、自然の音によって心がくつろいでいることや、穏和な性質が読み取れる鳴き声や行動描写から、「平和」という言葉の意味を捉え直すことができます。このように**対比的に描かれている表現に着目し直し、言葉のニュアンスを捉え直すなど、言葉への自覚を高める活動が、内容をより豊かに読み味わうことにつながります。**三次では、**「作品の奥深さを伝えるポップを書く」**という言語活動を設定しました。二次での学習を土台に、この作品の奥深さをポップにまとめます。ポップコンテストを学級で開催したり、実際に行われているポップコンテストに応募したりすることも学習者の学習意欲を高めます。

単元計画

次	時	●主な発問〈問い〉　・学習活動	・留意点
一	1	**●「世界でいちばんやかましい音」を読み，感想を基に読み深めたいことについて〈問い〉を立てましょう。**	・「テクストを根拠に答えられる〈問い〉」「簡単に答えが出せず，答えがいくつも考えられるような〈問い〉」であるかを意識させる。
二	2	**●王子様はなぜ世界でいちばんやかましい音が聞きたかったのでしょうか。** 交流	・ガヤガヤの都がどんな町なのか，王子様はどんな人物なのかを関連付けながら，「場面・人物の設定」について考えさせる。
	3	**●王子様の誕生日を祝うために，王様や世界中の人々は何をしたのでしょうか。** 交流	・物語がどのような展開で話が進むのかを確認する。 ・各場面があるのとないのとでどう変わるのか，場面の役割について考えさせる。
	4	**●世界でいちばんやかましい音が聞けなかったのに，王子様はなぜ喜んだのでしょうか。** 交流	・「はじめの場面」と「山場」「結末」を比較し，変化したものについて着目させる。
	5	**●この話のテンポのよさは，なぜ生まれるのか，書きぶりの特徴を見つけましょう。** 交流	・表現の特徴に着目し，例文との比較を通して，効果を実感させる。
三	6	**●物語の面白さを生み出しているものは何か，「場面・人物の設定」「構成・展開」「書きぶりの特徴」を観点に作品の魅力を伝えるポップを作りましょう。** **●書いたポップを交換して読んでみましょう。** 交流	・今までの読み取りの学習を生かしてポップ作りを行うことを確認する。 ・ポップの書き方のポイントをおさえる。
	7	**●これまでの学習で習った作品の中から一つ選び，「場面・人物の設定」「構成・展開」「書きぶりの特徴」を観点に分析をし，本の魅力を伝えるポップを作りましょう。** 交流	・交流しやすいように誰もが知っている既習内容の作品から選ぶようにする。 ・つけたい力が身に付いているのかを確かめる応用問題として取り組ませる。

本時の展開例（第4時）

本時の目標　対比表現に着目し、登場人物や町の変化に気付く

T1では、「はじめの場面」と「山場」「結末」を比較し、ガヤガヤの町の様子や王子様の気持ちの変化を叙述を基に捉えます。やかましい音が好きだった王子様が、静けさと落ち着きを知り、それがすっかり気に入ったこと、わめくか、どなるかしていたやかましかった町の人々が、静かに話すようになったことなど、**対比的に描かれている内容を確認します**。

T2では、やかましい音を聞くことができなかったのに、しきりにはしゃいで、とんだりはねたりしながら手をたたく王子様の様子から、喜んでいる気持ちをおさえます。そして、「では、なぜこんなに喜んでいるのか」について考えを深めていきます。その際、**王子様がどういう町で生まれ育ったのかを踏まえて考えさせる**ことで、「生まれて初めて」に込められている驚きや感動する気持ちにまで気付かせたいところです。

T3の交流の際には、仲間の発言を踏まえて、再構築した考えを出し合うことで、学びを深めていくことを大切にしたいです。そのためには、仲間の発言と自分の考えがどのように関係しているのかを整理する必要があります。学習者が発言しやすいように仲間の発言に「賛成か反対か」を考え、**自分の立場を明らかにしてから意見を述べることができるようにします**。

T4では、「平和」という表現に焦点を当て、考えを深めます。**「平和」に込められた意味**を考えることで、内容をより豊かに読み味わうことにつながります。

本時の流れ

	●主な発問〈問い〉 ・学習活動	・留意点
T1	**●「はじめの場面」と「結末」を比べ，何が変わりましたか。** C：人々の話し方，アヒルの鳴き声… C：王子様が静けさを好きになった。	・何がどのように変わったのか，対比されている文章や言葉を確認する。
T2	**●王子様は願いが叶わなかったのに，なぜ喜んだのでしょうか。** C：「生まれて初めて」という表現からも，世界でいちばんやかましい町で生まれ育った王子様は今までやかましい音しか聞いたことがなくて…	・「場面の設定」と「人物の設定」を関わらせるなど，叙述を基に根拠を明確にし，王子様の気持ちの変化を読み取るようにする。
T3	**●考えたこととその根拠を仲間と交流しましょう。** C：「気に入りました。」とあるから，沈黙の中で静けさと落ち着きを知れたことがうれしかったんだと思うよ。 C：その考えに賛成だけど，静けさといっても無音のことではなくて，自然の音がしているよね。 C：私も自然の音について考えたよ。例えば，「小鳥が鳴いていたのです」でもいいと思うんだ。でも，「小鳥の歌」にすることでリズムやメロディーをもった音楽であり，それほど心地よかったのかなと想像できるよね。	・着目したテクストを示すだけでなく，そこから何がわかるのか，何を考えたのか解説をさせる。 ・仲間の発言を聞いて新たな発見につながった時には，テクストに線を引いたり，ノートにメモをとったりさせる。 ・仲間の発言を鵜呑みにせず，自分のフィルターを通して考えの妥当性を確かめさせるために，仲間の意見に賛成か反対かを述べ，仲間の考えに関連させながら発言できるようにする。
T4	**●最後に「平和」という言葉が登場しますが，「平和」とは一体どういう町のことなのでしょうか。** C：人のことを考えられる温かい町のことだと思うよ。例えば「バタンバタン」と閉まる戸や「ピーッ」という笛の音には，びっくりするし胸が苦しくなるけれど，「そっと」からは周りの人への配慮を感じるな。 C：なるほど，周りの人の気持ちを考えられるようになったから，立て札も来た人がうれしくなるように「ようこそ」と変わったのかな。	・「平和」という言葉に込められた意図を読むために，「わめく」「どなる」「けたたましい」「やわらかな」「すっと」「そっと」など，変化した部分に着目し，言葉への自覚を高める活動を通して，内容を豊かに読み味わえるようにする。

教材研究を活かした単元計画と発問・交流プラン

2 作品の面白さの秘密に迫ろう

POINT

授業者と学習者がともに〈問い〉を設定する

本教材は起承転結で構成された展開がわかりやすく、内容の捉えやすい物語です。一次では、物語の後半部分の展開を予想させ、実際の本文と比較させることによって、学習者の素朴な感想から生まれる〈問い〉を引き出します。学習者から生まれた〈問い〉を整理し、今後の学習課題につなぐことが、自ら課題を追究する姿につながると考えます。ただし、〈問い〉を整理する際には、松本・西田（2020）の〈問い〉づくりの前提条件を基に**「テクストを根拠に答えられる〈問い〉」「簡単に答えが出せず、答えがいくつも考えられるような〈問い〉」**であるかを意識し、練り合う必要があります。〈問い〉を練り直す観点として、これらのポイントを学習者と共有し、場合によっては授業者も参加しながら、今後の授業で追究していく内容を検討し、〈問い〉をより良質なものにしていきます。

二次では、一次で立てた〈問い〉に対し、叙述を基に根拠を明確にしながら読み取る活動を通して、**「場面・人物の設定」「構成・展開」「書きぶりの特徴」**に関わる作品の魅力について考えます。

三次では、**「ビブリオバトル開催～好きな本の魅力を分析し伝え合おう～」**という言語活動を設定しました。二次で行った作品の分析の仕方を基に、今度は自分の好きな本の魅力について「場面・人物の設定」「構成・展開」「書きぶりの特徴」の観点から作品の魅力を考え、バトルで話す内容をまとめます。

単元計画

次	時	●主な発問〈問い〉 ・学習活動	・留意点
一	1	**●「世界でいちばんやかましい音」を途中まで読み，続きがどんな展開になると思うのか想像して書きましょう。** **●考えた続きの話を読み合おう。** **●作者の作品と自分の作品の比較から生まれた感想を交流し，もっと読み深めたいことについて〈問い〉を立てよう。**	・自分の書いた作品と比べる活動を通して，「作者の考えた作品の面白さの秘密に迫る」という単元を貫く大きなテーマにつなげ，読みの課題意識をもたせる。
二	2	**●なぜこの物語が面白いのか，話の「構成・展開」に着目して説明しましょう。** 交流	・話の展開を整理し，各場面があるのとないのとでは，作品の盛り上がりがどのように変わるのか考える。
	3	**●なぜこの物語が面白いのか，「場面・人物の設定」に着目して説明しましょう。** 交流	・「王子様がどんな人物なのか」「ガヤガヤの都はどんな町なのか」設定を明らかにしたうえで，人物の考え方や町の様子に変化が起こることの面白さについても考えさせる。
	4	**●なぜこの物語が面白いのか，「書きぶりの特徴」に着目して説明しましょう。** 交流	・例文と比較させることで，効果について実感できるようにする。
三	5	**●好きな絵本を選び，その作品がなぜ魅力的なのか「場面・人物の設定」「構成・展開」「書きぶりの特徴」に着目し分析しましょう。** **●「ビブリオバトル」で話す内容をまとめましょう。**	・10分以内に読める絵本を条件に好きな本を選ばせる。 ・あらかじめティラノサウルスシリーズなど，取り組みやすい題材を準備しておく。
	6	**●「ビブリオバトル」を開催し，好きな本の魅力を伝え合いましょう。**	・ビブリオバトル後，実際に読んでみたいと思った本を読み，感想を伝える。

本時の展開例（第1時）

本時の目標　自分の作品と比較し、物語の面白さの秘密に迫りたいという学習意識をもつ

T1では、基本的には続きの話を自由に書かせていきますが、何も浮かばないという学習者には、「世界でいちばんやかましい音が実現する・実現しないのどっちかな」「王子様はその後、どうなったのかな」と**補助発問をすることで、漠然とした状態から抜け出せるようにします**。また、続きの話の長さには個人差が出ますがそれは重視しません。大切なことは、自分の考えた続きの作品と作者の物語を比較し、そこから〈問い〉へとつなぐことです。**T2**では、仲間の作品を読んで思ったことを交流します。その際、「面白かった」など、結論だけで終わってしまうことがないように、どんなところが面白かったのか、**着目した部分を引用しながら、そのように考えた根拠まで**交流することを大切にします。**T3**では、作者の続きの物語を読みます。**T1**で作品の続きを書いたことにより、作者のつくった物語の面白さを実感することができます。ただし、なぜ面白いのかを説明しようとすると難しいものです。学習者は、普段読書をする時も、無意識のうちに内容の面白さや楽しさを味わっていることが多いからです。自分の書いた続きの物語と作者の作品を比較し、どんなところが面白いのかを抜き出せても、**それを分析し説明することは難しいため**、「なぜ作者の作品は面白いのか」という〈問い〉が自然と生まれます。そのため**T3**では「作者の作品の面白さの秘密に迫る」という単元を貫く大きなテーマを設定することができます。

T4では、出てきた感想を**観点別に分類し**、今後の学習で作品の面白さに迫る際の着眼点とします。

本時の流れ

	●主な発問〈問い〉　・学習活動	・留意点
T1	**●「世界でいちばんやかましい音」の「その時刻が来たら，みんな，ありったけの声で，「ギャオギャオ王子，お誕生日おめでとう！」と，さけぶことになっていました。」までを読み，続きがどんな展開になると思うのか想像して書きましょう。** C：世界でいちばん大きな音を聞いて，王子様は喜ぶ，という続きにしよう。	・続きの展開について，どの学習者も考えをもつために，世界でいちばんやかましい音が「実現する・実現しない」，また，登場人物である「王子様や王様，町の人々は，その後どうなったのか」という視点を与える。
T2	**●各自の考えた続きの話を読み合い，感想を交流しましょう。** C：〇〇さんのように，「世界でいちばん大きな音を聞けた王子様がうれしさのあまり叫んだ声が，さらに世界でいちばん大きな音だったとさ」というオチがあると面白いと思いました。	・感想を話す時に，考えたことだけで終わらないように，そのように考えた根拠を，着目した部分を示しながら交流するようにする。
T3	**●作品の後半部分を読み，自分が考えた続きの話と比べながら感想を交流しましょう。** C：「別に悪気はなかったのですが…」と話が広がっていくところが面白かった。 C：まさか「世界でいちばんやかましい音」という題名と真逆の「沈黙」が起きるなんて，予想できなかったし，自分が作った話より盛り上がりがあって面白かった。	・「自分の作品とどんなところが違ったのか」「自分の作品とどっちが面白いのか。それはなぜか」と補助発問を行い，考えをもたせる。 ・多くの学習者が考えるであろう「願いが叶い喜ぶ」「願いが叶わず悲しむ」というストーリーはわかりやすいが，面白みに欠けることを，比較を通して実感させる。
T4	**●感想を基にもっと読み深めたいことについて〈問い〉を立てましょう。** C：自分の作った話より盛り上がりを感じるけれど，それはどうしてかな。 C：王子様が変わったことが印象に残ったけれど，どうして変わったのかな。	・出てきた感想を「場面や人物について」「話の組み立て・流れについて」「書きぶりについて」の観点で分類する。 ・上記の三点を着眼点とし，「作品の面白さの秘密に迫る」という今後の学習への見通しをもたせる。

①場面構成について

この作品は、まえがきと一年ごとの四つの場面で構成されています。そして各場面には、1から4の数字が付いており、全体として四年にわたる物語となっています。

まえがきでは、語り手の「わたし」が七十二歳の大造じいさんから聞いた、三十五、六年前の雁狩の話を土台として物語を書いたとしています。さらに、山家の炉ばたを想像して読むようにと語りかけます。このまえがきを本文と直結させるとすれば、七十二歳の大造じいさんの三十五、六年前の体験ということで、本文の大造じいさんは若手の猟師となってしまうため、「「まえがき」の大造爺さんと本文の大造爺さんとは同一視できない」（山本1996、104頁）ことになります。一方、炉ばたを想像して、というのは「大造爺さんの回想談という、「まえがき」の世界との同一性を意識するように読者に働きかける」ところでもあります（同前）。したがって、同一性を問題とするのではなく、「あくまでも書き手である「私」が話を聞いた「大造爺さん」のような老狩人をこの物語の「語り手」として想像する」という「いわば虚構の語りの場の設定」がなされていると見るべきでしょう（同、104―105頁）。

本文の各場面の概要は次の通りです。

【場面1】…季節は秋。大造じいさんが、対峙する「残雪」について語るところから始まります。残雪は猟師たちにガンの頭領と言わしめるほどの利口な鳥とされています。次に、残雪への思いが「大造じいさんは、…（中略）…いまいましく…」と語られ、大造じいさんとガンの対立関係が明らかになります。大造じいさんは、「今年こそは」とウナギ釣り針を使った特別なしかけを考え、一羽のガンをとらえることに成功しますが、次からは一羽もつかまえることができなくなってしまいました。

【場面2】…翌年になり、また残雪は大群を率いてやって来ます。大造じいさんは、夏のうちから集めておいたタニシを餌場にまきます。小屋がけをし、餌場にやってくるガンの群れを待ち受けますが、残雪が異変に気付き、途中で方向を変えたため計画は失敗に終わります。

【場面3】…その翌年、秋になって大造じいさんは二年前につかまえたガンをおとりに残雪たちをつかまえようと計画します。ところが、いよいよ戦闘開始という時に、一羽のハヤブサがガンの群れに襲いかかります。ガンの群れは一斉に飛び立ちますが、おとりのガンだけ出遅れてしまいます。おとりのガンが危機に陥った時に逃げ去ったはずの残雪が現れ、ハヤブサと戦いを繰り広げます。ハヤブサは逃げ去りますが、残雪は傷つき、沼地に取り残されてしまいます。駆けつけた大造じいさんはその残雪の堂々とした態度に強く心を打たれます。

【場面4】…残雪は大造じいさんの家の檻の中で一冬を過ごします。四年目の春になり、大造じいさんは傷が治った残雪を大空に解き放ちます。その姿を見守るところでこの物語は終わりを迎えます。

②場面の移り変わりと大造じいさんの狩り

四年間に渡る大造じいさんとガンとの物語が一年ごとに場面分けしてありますが、それぞれの年で大造じいさんはしかけを考えたり、夏からタニシを集めたり、おとりを使ったりと時間をかけて周到な準備をしています。猟師としての仕事なのか、残雪をつかまえる執念なのか、場面ごとの大造じいさんの狩りをどのように読むか、それに基づいて人物像と場面3の山場をどう読むかが問われてきます。

教材研究の目 2 情景描写

①すぐれた情景描写と視点

この物語の特徴の一つは、すぐれた情景描写がなされていることです。鶴田（1997）は、「椋文学は「比喩」「色彩語」などによる豊かなイメージ世界の形成という特徴を持っている」として、「かなたの空に黒く点々と見えだしました。」「美しい朝の空を、真一文字に横切ってやって来ました。」等を挙げながら、「いずれも朝焼けの空を背景にして、ガンの群れが飛んでくる情景を色彩豊かに描いている」としています。

情景描写は、小学校学習指導要領（平成29年告示）において、第五学年及び第六学年の読むことの指導事項に「イ　登場人物の相互関係や心情などについて、描写を基に捉えること」とあります。指導要領解説国語編には「登場人物の心情は、直接的に描写されている場合もあるが、登場人物相互の関係に基づいた行動や会話、情景などを通して暗示的に表現されている場合もある。このような表現の仕方にも注意し、想像を豊かにしながら読むことが大切になる」と示されています。こうしたことから、しばしば情景を直接的に大造じいさんの心情に結びつけて読むことがなされますが、視点を手がかりにその情景を誰が見ているのかを問いながら読むことが必要です。

場面1には、「秋の日が、美しくかがやいていました。」との描写があります。前の文には「その翌日、昨日と同じ時刻に、大造じいさんは出かけていきました。」とあり、昨日は「昼近く」に沼地に行ったことから、この情景も昼頃であることになります。太陽が高く昇った穏やかな秋の日が想像されます。ただ、秋の日が美しくかがやいているのを見ているのは誰なのでしょうか。まず、前の「出かけていきました。」に続く文でありえる大造じいさんが見ていると考えることができるでしょう。その心情とは、前日と同様にガンを捕らえられたかという期待、あるいは前日の成功から余裕を感じているといった読みが考えられます。一方、語り手が見ている情景とすれば、いつもの秋の日と変わらない穏やかな沼地の情景が前景化し、この後にガンの大群が飛び立つ前の静けさと読むこともできるでしょう。

場面2では、「あかつきの光が、小屋の中にすがすがしく流れこんできました。」という情景描写があります。この前で大造じいさんは「小さな小屋を作って、その中にもぐりこみました。」とあり、小屋の中に流れ込む光を見ているのは、小屋の中にいる大造じいさんとみることができるでしょう。また後の文では「ぬま地にやって来るガンのすがたが、かなたの空に黒く点々と見えだしました。」とあり、これも小屋の中から外の景色を大造じいさんが見ていると考えることができそうです。この一文だけを読めば、まだ薄暗く、沈んだような沼地に太陽が昇り始め、それとともに小屋の中に朝の太陽の光が差しこんでくるという、ごく自然な美しい情景を想像することができます。しかし、ここまでの文脈と結び付けながら読んでいくと、これから宿敵とまみえる大造じいさんが、その光をすがすがしく感じた心情を表しているとも読むことができます。小屋の中で夜が明けるのを待ち続けてきた大造じいさんの執念が感じられます。一方、「すがすがしく流れこんできた」ということからは、自然の中の時間の流れを強く感じさせられるところもあります。

このことを踏まえると、第五学年の児童が「大造じいさんとガン」の作品のように、暗示的に表現されている情景描写を読む学びは、描写を基に心情を捉え、豊かに読むことができる国語の資質・能力を効果的に育むことができる絶好の教材といえるのです。作中にある多くの情景描写は、大造じいさんを中心に表現されているといえますが、文脈と結び付けながら、情景描写の言葉一つ一つについて考えて読むことで、作品には直接的には描かれていない物語の世界を読み味わうことができます。

教材研究の目 3 語り

①語り手の存在を考える

このテクストには、まえがきに「わたし」として語り手が登場しています。この語り手は、本文をどのような「視点」で語っているのでしょうか。

藤森（2009、1―5頁）は、この物語の語りと視点について次のように整理してまとめています。

①登場人物の心理・動作を離れた視点から、物語の内容や事柄に説明を加えるもの。
②話者が「大造じいさん」と重なっているもの。
③「大造じいさん」によりそいながら語られてゆくもの。
④話者が残雪によりそいながら語られてゆくもの。
⑤話者が残雪と重なっているもの。

このように整理したうえで、④と⑤は残雪によりそったものであるが、それは「「大造じいさん」の視点を経ずして成立しえない」（同、6頁）としています。例の一つとして、「残雪は、油断なく地上を見下ろしながら、……いつものえさ場に、昨日までなかった小さな小屋をみとめました。」を挙げています。これは残雪の視点をとっていますが、その前後には大造じいさんが描かれており、「「大造じいさん」の視点によりそい重なりながら、なおかつ「大造じいさん」の目をとおして残雪にせまってゆく」（同、5頁）としています。こうした考察から、「この作品の視点は、物語部分のほぼ全編にわたって「大造じいさん」の視点から描かれている。残雪にクローズアップした描写も「大造じいさん」の視点を介したものであり、ガンの英雄としての知恵や勇姿は、すべて「大造じいさん」の目を通して語られる」（同、7頁）と述べています。つまり、読み手は大造じいさんとともに行動し、大造じいさんと同じ目線で、共感しながら語っていることになります。だからこそ、大造じいさんの心情や、大造じいさんを中心とした物語の全体像を具体的に想像して読むためには、語りが重要な手がかりとなるのです。例えば、場面3では「大造じいさんのむねは、わくわくしてきました。…（中略）…そして、冷え冷えするじゅうしんをぎゅっとにぎりしめました。」とありますが、こうした表現では、あの残雪がついに餌場のところにやって来たという興奮と、準備を重ねてきた猟師としての情熱を読み取ることができるでしょう。また、その興奮を抑え、冷静になろうと言い聞かせ、ここにかける思いがうかがえます。

②語りの視点の移動を読む

とはいえ、大造じいさんが語り手であるわけではありません。大造じいさんの視点をとった語りがその心理を描き出すと同時に、そこには猟師としての冷静な観察とガンへの態度が大造じいさんに寄り添う視点から語られています。山本（1996、109頁）は、例えば場面3で「「残雪です。」という一文は、敬体であることによって、語り手は大造じいさんの心中を離れ、語り手による語りに変化している」としています。また、「第二のおそろしいてきが近づいたのを感じると」のところは「残雪の立場」をとる一方、「いかにも頭領らしい、堂々たる態度のようでありました。」は「大造爺さんの主観と不可分に結びつくように読者に受け取られていく」としています。このようにして、「大造爺さんの心中に映った残雪像が直接読者のイメージとして形成されていくような、語りの構造となっているのである」（同、110頁）と述べています。語りを大造じいさんの主観に単に重ねるだけではなく、語りの視点の移動を読むことが大切になります。

教材研究の目 4 空所

①空所について

空所とは、本文に書かれていないことで、読み手は、文脈を基に想像し、補填していくことができる箇所のことをいいます。空所について考えることは、読み手の見方や考え方が影響し、交流を通して多様な見方を共有する機会にもつながります。また、読み手は、空所について想像を巡らすために、本文の描写を大事な手がかりとして読み進めていきます。つまり、空所を考えることで、読み手は表層的な読みから、作品の奥深くまで読むことが可能となるのです。

この作品の「最大の空所」は、場面3の「が、なんと思ったか、再びじゅうを下ろしてしまいました。」の部分、すなわち、なぜ大造じいさんは残雪を撃たなかったのか、になります。この描写には、大造じいさんがどのような心情で再びじゅうを下ろしたのかが明記されていません。鶴田（1997）はこの空所について、「意外な展開に対する驚き」「卑怯なやり方をすることの後ろめたさ」があり、「野生の本能に触れたことによる狩人としての覚醒」にその原因が認められるとしています。一方、田中（1996）はおとりになった仲間のために残雪が自らその命を捨ててまで立ち向かうことへの畏敬の念を読んでいます。

これらの解釈を踏まえ、松本・西田（2018）は、「野生の本能に触れたことによる狩人としての覚醒」という解釈へ誘うための教師の働きかけの重要性を説いています。そのためには、「なぜ大造じいさんはじゅうを下ろしたのか」のように単に空所を問うだけの〈問い〉では十分ではないとしています。その理由として、この問い方では学習者は「残雪の目には、人間もハヤブサもありませんでした。ただ、救わねばならぬ仲間のすがたがあるだけでした。」や「おまえみたいなえらぶつを、おれは、ひきょうなやり方でやっつけたかあないぞ。」という部分を拠り所とし、仲間を助ける残雪と卑怯なやり方で戦いたくはないという解釈のみに偏ることが予想されます。そして、鶴田のいう大造じいさんの「狩人の覚醒」という解釈は、残雪に感情移入し、撃たないことに大きな理由を必要としない学習者との間にずれが生じると指摘しています。

②空所をどのように問うか

ではどのようにして、学習者が作品を多様に捉えて豊かに読むことができるようになるのかについて、松本・西田（2018）は、重要なことは「じゅうを下ろす」といった行動に至った過程を、作品全体から一貫して説明し、意味付けていくことにあると述べています。

また、上月（2022）は、「なぜ、じゅうを下ろしてしまったのか」という問い方が、読者の単なる想像に走らせてしまうことを指摘しています。この空所を残雪への感情移入と読む場合には、その背景として大造じいさんの狩猟生活者としての厳しい暮らしがあることになるものの、そうした生活の背景は本文の叙述にはありません。この問題を踏まえ、上月（同、16頁）は、各教科書の学習の手引きを分析し、そのうえで各場面の情景描写の表現について、**「『誰の』『どんな様子や心情』を表していますか」「情景描写があるのとないのとでは、どちらがよいですか。また、それはなぜですか」**などの〈問い〉を案出しています。空所を単に問うのではなく、語りの分析を通して、「『じゅうを下ろす』といった行為に至った過程を、作品全体から一貫して説明し、意味付けていくこと」、そして「大造じいさんと残雪、語り手という三者の立場による読みの違いを実感させる」ことへと導くような問い方の工夫が求められます（松本・西田2018、99頁）。

教材研究の目

5 思考・感情の表現

①思考に関わる語句

物語文の特徴として、「教材研究の目3・4」で述べたように多様な立場から読むことを可能にするような叙述があります。このような叙述に対して、学習者は何を手がかりに、どのように考えて読んでいけばよいのか戸惑うこともあります。そのような場合、具体的な語句という単位に着目して表現を読み解いていくことも必要になります。

学習者は、第四学年までに言葉には性質や役割による語句のまとまりがあることを学びます。性質とは、モノの名前を表す性質・動きを表す性質・様子を表す性質とし、役割は、文の主語になる語句・文の述語になる語句・文の修飾をする語句を意味しています。このことは、誰が、何をしたのか、言ったのか、その時はどんな様子だったのかという叙述を基に想像して読むために必要な思考する語句といえます。例えば本文では、

大造じいさんは、このぬま地をかり場にしていたが、いつごろからか、この残雪が来るようになってから、一羽のガンも手に入れることができなくなったので、いまいましく思っていました。

という長い一文が登場します。この時、言葉の性質や役割による語句のまとまりを考えて読むことできれば、「大造じいさん（主語）」が、誰のどんな行動に対して「いまいましく思っていた（述語）」のかを整理して具体的に想像することができます。この「いまいましく」という表現は、大造じいさんの人物像を読むうえでも重

要です。「いまいましく」の意味やその用法を通して学習者がその意味を具体的にイメージできるようにし、本文の文脈に沿って考えていくといった方法も必要でしょう。

学習者には、これまでの学びによる知識及び技能の習得の実態があります。学習者が作品を読むにあたって、語句の性質や役割についての知識及び技能を習得したり、活用・発揮したりできるように、個別の指導を行い、見届けていくことで、学習者が自分の頭で思考しながら読むことができるようにしていきたいものです。

②語句と語句との関係

場面1と場面4に、それぞれ次のようにあります。

場面1：大造じいさんは、たかが鳥のことだ、一晩たてば…（省略）
場面4：おうい、ガンの英雄よ。

この「たかが鳥」と「ガンの英雄」という語句を比較してみます。どちらも、主語は大造じいさんです。大造じいさんが残雪に対して、「たかが鳥」と見下しているところから、「英雄」と敬意をもって見ている見方から、大造じいさんの思いが変容していることを想像することができると思います。

このように、本文にある語句と語句との関係について、意識をして読む行為を学びの中で取り入れていくことは、描写を基に登場人物の相互関係や、心情などを捉える（精査・解釈）ことにつながっていきます。様々な語句について考えていくことで、これまで見えてこなかった大造じいさんの心情が見えてくるかもしれません。このように、思考や感情に関わる語句から大造じいさんの人物像を読むことにつながり、それは場面3の山場における空所の読みへと学習者を導きます。

教材研究の目 主題 6

①主題に迫ること

関口（1986、119頁）は、この作品の主題について次のように述べています。

> 物語の主人公は、いうまでもなく大造じいさんと残雪の両者である。…（中略）…主題はこの両者にかかわって存在するはずである。そこで、ともすると安易に「登場人物相互の心の結びつき」「動物と人間の心のふれあい」「人間と動物との心の交流」といったかつての教師用指導書に共通していたような見解が飛び出す。

このように述べたうえで、一冬を大造じいさんのもとで過ごした残雪の野生を失わない姿や、残雪に対峙する大造じいさんの猟師としての自負といった読みを挙げながら、「作品に託された虚構の真実性をいかに読みとらせるか」、よって「主題を一つに限定する必要はない」のであり、「一人一人の学習者の〈読み〉に応じて作品の真実性が理解される」ことが肝要であるとしています。山本（1996、110頁）は、「大造爺さんが残雪の行為に対して抱いた、「雁の英雄」としての残雪に対する感動であり、そこに大造爺さんは、人間が学ぶべきですらある動物の偉大さを感じているのである。そこにこの物語の「主題」があると言えよう」と述べています。大造じいさんの「感動」、すなわちそこに引き起こされた大造じいさんの変容をどのように読むかが主題に迫ることとなります。

②主題に迫るための〈問い〉

この物語の空所について、松本・西田（2020、115頁）は次のように述べています。

「大造じいさんとガン」における最大の空所は、大造じいさんはなぜ残雪をうたなかったのかということです。大造じいさんが残雪をうたないことを決断した理由は、主に2つ挙げられます。仲間を救う残雪の姿に魅了されたこと、命を奪われる瞬間の堂々とした態度に胸をうたれたことです。

大造じいさんが、仲間を救うために命がけで戦う残雪の姿を見て変容する場面についての読みは主題の理解につながるものです。これまでの残雪を見下していた大造じいさんが、残雪を対等な存在として見ていることに気付くことができると、主題に迫るきっかけになります。加えて着目すべきところは、大造じいさんの変容後、場面4での残雪を見送り呼びかける場面と場面1・2・3での残雪に対する様子の違いを考えることです。

この点について、松本・西田（同）は次のように述べています。

大造じいさんが沼地で最後の時を覚悟する残雪をうたなかったことと、傷ついた残雪を介抱し春を迎えることとは切り離して考えることも出来ます。残雪に魅了された大造じいさんの行動は、自分の作戦を「ひきょうな」と呼ぶことにまで表れます。

残雪をなぜ撃たなかったのか。ひきょうなやり方とはどんなことなのか。こうした空所について、そうした行動や考えに至るまでの場面1・2の読みと一貫性をもった説明を通して主題に迫ることができます。

教材研究を活かした単元計画と発問・交流プラン

1 作品の魅力が伝わる朗読をしよう

POINT

目的をもって読み味わう

本単元の言語活動は、「大造じいさんの心情を捉えたり、表現の効果を考えたりしたことを生かして朗読を行うこと」と設定しました。朗読とは、文章の内容や表現をよく理解し伝える音読から、さらに読者として自分が思ったことや考えたことを踏まえ、聞き手に伝えようと表現性を高めて、文章を声に出して読むこととされています。

教材「大造じいさんとガン」はまさに、大造じいさんの心情が巧みな情景描写によって描かれているため、これまでに培った読み方を土台に、朗読を工夫して行うことができると考えました。また、本教材には、様々な描写が存在しています。一人一人が朗読の表現性を高めるために、描写を基に登場人物の心情を捉えたり、表現の効果を考えたりすることを通して、国語の資質・能力を効果的に育むことをねらいました。

単元の導入では、作者椋鳩十の様々な作品を通して、情景描写や行動描写、語りなどの魅力について共有します。そして、校内放送を利用し、昼の連続小説「大造じいさんとガン」という朗読を行う企画を提案します。学習者が目的をもって、描写を基に心情を捉えたり、表現の効果を考えたりする営みを反復的・螺旋的に行う学習環境づくりを大事にしています。

単元計画

次	時	●主な発問〈問い〉　・学習活動	・留意点
一	1	●**昼の連続小説「大造じいさんとガン」の企画において，あなたは校内放送でどんな朗読をしたいですか。** ・学習計画を相談して設定する。交流	・描写を意識して大造じいさんの心情を捉えたり，表現の効果を考えたりして朗読する目的を位置付ける。
	2	●**作品を理解し朗読を工夫するために，空所を探し各場面の描写から〈問い〉を立て学習計画を作りましょう。**交流	・登場人物の心情や表現の効果について考えたりする営みが反復的に行えるように学習計画を立てる。
二	3	●**なぜ秋の日が，美しくかがやいていたのでしょうか。**（個→小集団→個）交流	・描写の説明をノートにまとめる。多様な読みを共有しグループで朗読の練習をする。
	4	●**どうしてあかつきの光が，小屋の中にすがすがしく流れこんできたのでしょうか。**（個→小集団→個）交流	・描写の説明をノートにまとめる。想像を大事に朗読の練習をする。
	5	●**東の空が真っ赤に燃えているように感じたのはどうしてなのでしょうか。**（個→小集団→個）交流	・描写の説明ができるようにノートにまとめる。想像を大事に朗読の練習をする。
	6	●**「が，なんと思ったか，再びじゅうを下ろして」しまったのは，どうしてなのでしょうか。**（個→小集団→個）交流	・描写の説明ができるようにノートにまとめる。想像を大事に朗読の練習をする。
	7	●**「堂々と戦おうじゃあないか。」と言った大造じいさんはどのような心情だったのでしょうか。**交流	・会話を読むにあたり，描写から説明できるようにノートにまとめる。
三	8	●**これまでの読んできたことを基に，グループ内でお互いの朗読の仕方にアドバイスをしましょう。**交流 ・場面を決めて読み合いながら練習。	・読みのノートや教科書の本文を活用して，表現にこだわりをもって朗読できるようにアドバイスする。
	9	●**どのような読み方ができるようになったか具体的に書きまとめましょう。** ・放送で流す朗読を録音し，聴いてみる。学習を振り返る。	・①大造じいさんの心情を捉える描写，②表現の効果について具体的に振り返る（百字以上）。

本時の展開例（第7時）

本時の目標　工夫した朗読を行うために、描写を基に心情を捉える

T1では、**「場面4をどのようにみていますか」**と発問することで、場面4の文章を学習者が読んでいくことを促します。そして、発問に対する学習者の読み方が、その描写のみで想像して読むことがないように、「どうして、そのようにみたのですか」と補助的な発問を行うことで、場面の移り変わりを意識して、描写と描写を結び付けたり、語句の意味を考えたりする視点を、学習者がもつことができるようにします。この場面での視点を意識して読むことで、大造じいさんが残雪を放す心理について交流していきます。

T2では、学習計画で学習者たちと立てた〈問い〉に意味をもたせます。場面4についてどうみたかを交流していく中で、「堂々と戦おうじゃあないか。」という描写に着目した時に立てた〈問い〉とつなげて、**「この〈問い〉を解決しようと読んでいくことで、場面4の大造じいさんの心情が整理され、朗読の工夫につながりますね」**と確認します。そうすることで、〈問い〉を解決していく営みに意味を見いだすことできます。学習者は、教科書やノートに線を引き、様々な描写や語句に着目して読んでいきます。その読み方が、**T3**の交流の際、自他の読み方を比較し、多様な読みへ誘うことができます。**T4**では、多様な読みを自分のものにし、それを朗読の工夫の根拠とします。学習者は、朗読の表現性を高めようと繰り返し練習を行いますが、教師は、朗読の表現力ではなく、学習者が場面4における大造じいさんの心情をどのように捉えたかを評価していきます。

本時の流れ

	●主な発問〈問い〉 ・学習活動	・留意点
T1	**●場面4をどのようにみていますか。** C：大造じいさんが残雪を放すところ。 C：大造じいさんは，場面3を通して，残雪に対してや猟師としての構えが変わった。「堂々と戦おうじゃあないか。」と言っているし…。そこの心情を朗読で工夫するとよいかも。	・一つの描写のみで心情や相互関係を捉えるのではなく，これまでの場面を含めた全体を通して捉えることができるようにファシリテートする。
T2	**●「堂々と戦おうじゃあないか。」と言った大造じいさんはどのような心情だったのでしょうか。** ・教科書に線を引いたり，ノートに描写を引用したりして，描写と描写を結び付けたり，描写にある語句について考えたりしながら「堂々と戦おうじゃあないか。」と言った大造じいさんの心情を読んでいく（個で読んだり，小集団で読んだりと活動を自己選択する）。	・学習計画にある〈問い〉を考えていくことが朗読を工夫するために必要であることを確認する（目的をもって読む）。 ・教科書に線を引いたり，描写を引用したりした学習者の意図を確かめ合う小集団の交流を位置付ける。
T3	**●それでは，みなさんの読んだ大造じいさんの心情について交流しましょう。** C：場面4に「ガンの英雄よ。」とあるが，これまでは「なかなかりこうなやつ」などと書いてある。残雪を一人の猟師として尊敬している。 C：「ひきょうなやり方で…」と書いてあり，これまでのウナギ釣り針やおとりという方法ではなくて，猟師として真っ向から闘いたいと思っている。猟師としての考え方が変わった。	・仲間が読んだ描写について教科書に線を引いたり，ノートに書き写したりする。 ・描写と描写を結び付けたり，語句の意味を考えたりする行為から，心情を捉えることができることを交流の中で確認する。
T4	**●それでは，みなさんから出た様々な読みを基に，朗読の仕方を工夫して練習しましょう。** ・大造じいさんの心情を整理して，どのように朗読するかを工夫メモに書く。 ・朗読の練習を行う。（個や小集団）	・ノートに「堂々と戦おうじゃあないか。」と言った時の大造じいさんの心情をどう捉えたかを整理し，朗読をどのように工夫するか書きまとめ，教師はその内容を評価する。

教材研究を活かした単元計画と発問・交流プラン

2

作品から伝わるメッセージを交流しよう

POINT 他作品でも豊かな読みが実現できる

椋鳩十は、動物をテーマにした数多くの作品を描いてきた作家です。本単元では、「人物像や物語などの全体像を具体的に想像したり、表現の効果を考えたりすること」（小学校学習指導要領（平成29年告示）第五学年及び第六学年　C読むこと　エ）に指導の重点を置き、**椋鳩十のシリーズ作品から一つ選んで、その作品から伝わるメッセージを自分なりに感じ取り、そのことを学級の仲間と交流する**という言語活動を設定しました。

椋鳩十のシリーズ作品を学級文庫として各種複数冊用意すること、単元の学習が始まる一か月前から本を置いておくことで、作品をじっくり読み味わう機会をつくります。学習者は、椋鳩十のシリーズ作品に慣れ親しんだ中で、教科書教材「大造じいさんとガン」の作品と出会います。そして、作品からメッセージを感じ取る学習活動を行うことを通して、本単元の指導の重点である国語の資質・能力を効果的に育成することができると考えました。さらに、教科書教材を読み味わった後、教材から離れて、椋鳩十のシリーズ作品を読み、メッセージを感じ取り交流することで、教科書教材で育んだ国語の資質・能力を活用・発揮し、より汎用性の高い学びを展開できることをねらいました。

単元を通して、学習者が空所を見つけて〈問い〉を立てたり、描写と描写をつないで読んだりすることで豊かな読みが実現できるようにします。

単元計画

次	時	●主な発問〈問い〉　・学習活動	・留意点
一	1	**●椋鳩十の作品の読書会に向けて何を視点に読んだり考えたりするとよいのかを整理してみましょう。交流**	・読書会の特徴を理解し，豊かに想像するために〈問い〉を立て，描写を基に読むことができるようにする。
	2	**●場面ごとに空所を見つけて，〈問い〉を立てましょう。交流** ・学級で立てた〈問い〉を解決していくための学習計画を立てる。	・場面ごとに〈問い〉を立てる際，内容と構造も合わせて確認していく。また，必要な〈問い〉かどうか話し合う。
二	3	**●大造じいさんはどうして，残雪のことをいまいましく思っていたのでしょうか。交流** ・大造じいさんの性格や考え方をまとめる。	・分析したことをノートにまとめていく中で，必ず描写を根拠として添えることを留意する。
	4	**●「ううむ。」とうなった時，大造じいさんはどんな心情だったのでしょうか。交流** ・場面１との比較も行う。	・ノートにまとめていく中で，必ず描写を根拠として添えることを留意する。 ・描写と描写を結び付ける。
	5	**●強く心を打たれた時，これまでの大造じいさんとは何が変わったのでしょうか。交流** ・場面１・２との比較も行う。	・分析したことをノートにまとめていく。具体的な描写を挙げる。 ・描写と描写を結び付ける。
	6	**●いつまでも，いつまでも，見守っていた大造じいさんは，どんな心情だったのでしょうか。交流** ・場面１・２・３を含めて読む。	・分析したことをノートにまとめていく。具体的な描写を挙げる。 ・描写と描写を結び付ける。
	7	**●「大造じいさんとガン」の作品からあなたが感じた主題・メッセージとは何でしょうか。交流**	・人物像，全体像，表現の効果を基にメッセージを考える。 ・語句の意味を考える。
三	8 9 10	**●選んだ作品の登場人物や物語の全体像からどんなメッセージを感じ取ったのか，グループで交流しましょう。交流**	・単元を通してどのような読み方ができたのかを振り返る。

本時の展開例（第6時）

本時の目標　交流活動で多様な読みを実現する

T1では、学習計画時に立てた場面4の〈問い〉を位置付けます。その際、**場面4の〈問い〉を解決するには、これまでの全場面を考えていく必要があることを**確認します。そうすることで、学習者は、描写を場面4にあるものだけで読むことはせず、様々な場面の描写と描写を結び付けたり、語句を比較したりすることができると考えます。学習者は、教科書本文の描写に線を引いたり、ノートに描写を引用したりして、自分の考えを書きまとめる活動を行います。

T2では、三人から四人のグループをつくり、自分が読んで考えたことを交流します。必ず描写を基に自分の考えを伝え合うことを大事にします。

そして、T3では、別のグループを構成し、交流を行います。T2で広がった読みを、交流を通してさらに広げていくことを目指します。そのために、T2で広がった読みも含めた自分の読みとして伝え合う活動にする交流を位置付けます。その具体的な姿としては、交流する相手の話を聞きながら、メモをとったり、質問・感想を言ったりします。**互いにどの描写とどの描写を結び付けて、登場人物の心情をどのように捉えたかを確実に共有**したいです。

T4では、これまでの二回の交流を通して広がった読みをノートに整理してまとめることを通して、多様な読みの実感を目指します。

本時の流れ

	●主な発問〈問い〉 ・学習活動	・留意点
T1	**●みんなで立てた場面4の〈問い〉です。いつまでも，いつまでも，見守っていた大造じいさんはどんな心情だったのでしょうか。** ・教科書の描写に線を引いたり，ノートに描写を引用したりして自分の捉えを書きまとめる。	・場面4の〈問い〉に対して，学習者が物語全体を通して，考えることが必要だと実感し，取り組めるように促す。 ・描写と描写を結び付けたり，語句の意味について考えたりする活動を位置付ける。
T2	**●自分が読んで考えたことをグループAで交流しましょう。** ・グループAで，〈問い〉を確認し，その〈問い〉に対する自分の考えを，描写を基に交流する。 C：「ひきょうなやり方」「再びじゅうを下ろしてしまいました。」という描写が…。だから今度は猟師のプライドをかけたい。	・仲間の考えを聞きながら，仲間が着目した描写について，教科書に線を引いたり，ノートにメモをしたりしながら，多様な読み方を味わうことを大事にする。
T3	**●グループAで交流したことを基に，グループBで交流しましょう。** ・グループAで交流したことを含めて，グループBの仲間と，描写を基に交流する。 C：「強く心を打たれて」「ただの鳥に対しているような気がしませんでした。」という描写が…。ということからも，残雪に対して，獲物ではなく特別な存在に感じていたのではないか。	・グループAで広がった読み方を自分のものとして，グループBのメンバーで互いに伝え合うことを通して，さらに多様な読み方をできるようにする。 ・仲間の考えを聞きながら，仲間が着目した描写について，教科書に線を引いたり，ノートにメモをしたりする。
T4	**●交流したことを整理して，〈問い〉に対する考えを書きまとめましょう。** C：大造じいさんは，残雪に対して，猟師として正々堂々と戦いたいという思いや，ただの獲物ではなく特別な存在として見ていて尊敬の思いがあったと考える。	・グループAとBの交流で得た多様な読みを自分のものにするために，整理して書きまとめる機会を位置付ける。

小学6年

物語の教材研究
&授業づくり

教材研究の目 語り

1

①二つの視点からの語り

「帰り道」は、律の視点で語られる「1」と周也の視点で語られる「2」で構成されていることが特徴の作品です。また、それぞれの描写を比べながら読むことで、視点が変わることによる人物像や物語の全体像の見え方の違いに気付くことができるのも、本作品のよさだといえるでしょう。佐藤（2021）は、律と周也の人物像の見え方の違いについて次のようにまとめています。

律→律　思っていることを言葉にできない、みんなと会話のテンポが違う。
周也→律　「いつだって、マイペース」「ぼくにはない落ち着きっぷり」がある。
周也→周也　言葉が軽すぎて会話で「いい球」を返せない。
律→周也　自分よりも前にいて、肩を並べたい、追いつけない存在。

「1」だけを読むと、思っていることを言葉にできないなどと「言葉」について悩んでいるのは律だけのように感じられます。しかし、「2」を読んでみると周也も自分の言葉が軽すぎることについて悩んでいるということがわかりますし、律自身の悩みに関しても周也には「ぼくにはない落ち着きっぷり」があるように見えていて、互いに憧れているということが読み取れます。

このように人物像の見え方に違いが表れるのは、本作品が一人称の語りの作品だからです。佐藤（2020）

は、このような一人称による語りの作品の特徴として、語り手が登場人物でもあるという二重性をもっていることを指摘しています。「1」の語り手である律も「2」の語り手である周也も本作品の登場人物であるためです。

②二部構成

さらに、「帰り道」のような二部構成の作品は、一人称の語りの作品の特徴を生かしつつ、より複雑な作品構造を愉しむことができる作品だといえます。それは、「1」の語り手である律が語っていないことを「2」の語り手である周也が語っていたり、律が認知していなかったために語れなかったことを周也が語っていたりすることで、一人の語り手だけでは知り得なかった情報を読者が知ることができるからです。天気雨の場面で、「2」では周也がうなずいた後に律がうなずき返したと語られていますが、「1」では律がうなずき返したことは語られていません。仁野平（2013）は、「一人称小説において語られた世界は、意識的、無意識的に関わらず語り手の「編集」を経たものであると言い換えることができる」と述べています。「1」では律がうなずき返したことを語らなかったのに「2」では周也が語っているのは、周也にとってはこの経験が大きな意味を持ち、語りたいと思ったからでしょう。逆に言えば、律にとっては「分かってもらえた気がした。」ということの方が、自分がうなずき返したことよりも語りたい内容だったのかもしれません。

また、「行こっか。」「うん。」という会話文は、それぞれ誰が言ったのかあえて語られていません。一人称の語りでもどちらの言葉であるかは明記できるはずのところを語っていないため、この部分が空所となっています。そして、どちらの言葉ともとれるようにしていることで、律と周也の平等性や対等性が際立っています。律が「周也とちゃんとかたを並べて、歩いていけるのかな。」と語っていたことや、最後には二人が並んで歩き出す場面になることとも響き合う文になっています。このように描いた作者の意図を問いたいところです。

教材研究の目

情景描写

2

①情景描写の比較

「帰り道」には巧みな情景描写がいくつもあります。

「情景」について松本（2022、4頁）は、大森（1999）の「有情の世界」論を踏まえ、「光景と感情とが関連づけられたときに光景が情景に変わる」のではなく、「情景はことのはじめから情景として「私（の想像する作中人物）」に立ち現れている」（（　）内は筆者）と説明しています。つまり、情景描写を基に「誰のどんな心情が表れているでしょうか」と問うことは、その光景が誰に見えているものなのかという、情景が立ち現れる主体と感情（情景にある光景と感情を便宜上分けたもの）を問うているということになります。誰の心情が表れているかは作中人物や語り手など、読み手によって多様に捉えられるため、情景描写の〈問い〉を基に読みを交流することは有意義な活動だといえるでしょう。ただし、本作品は「1」と「2」の二部構成によるものであり、同じ場面・状況について、違う語り手がそれぞれの語り方で語るという書き手の意図が自明であることから、読み手は語り手を固定的に読む可能性が高く、「誰の」を問う必要はなくなります。むしろ、同じ光景についての描写でも律と周也には異なる情景として立ち現れているということを「1」と「2」の情景描写の比較を通して考えていくことに、本作品で情景描写を扱う価値があると思います。

②天気雨の後の描写

着目したいのは、天気雨の後の場面の情景描写です。「1」では「ぬれた地面にさっきよりも軽快な足音をきざんで、ぼくたちはまた歩きだした。」とあり、「2」ではこれと対応して、「しめった土のにおいがただようトンネルを、律と並んで再び歩きだし」とあります。どちらも同じ場面を語っていますが、作中の出来事を経験した二人のこれまで悩んでいた「言葉」に対する思いや相手への思いがそれぞれ表現されている文です。

「1」の「ぬれた地面」というのは、天気雨が上がった後のアスファルトを指しています。天気雨の場面でも「アスファルトの水たまりに西日の反射がきらきら光る。」という情景描写があります。「ぬれた地面」と同じ場所について語っていると思われる文です。律が「今だ」と思った理由にもつながりますが、「西日」「きらきら」という晴れのイメージのあるものと「水たまり」という雨のイメージのあるものが同時に見えた時に、晴れでも雨でもない曖昧さを感じ取り、「ほんとに両方、好きなんだ。」と伝えることができたであろうことが想像できます。また、「西日」は、帰り道の場面でも使用されている言葉であり、それぞれの場面での律の心情に合わせて、読み手にもたせる印象が変わります。はじめは「西日」の薄暗いイメージが強く表れていましたが、ここでは明るいイメージが強く表れています。

「2」の「しめった土のにおいがただようトンネル」というのは、「1」の「ぬれた地面」と同じアスファルトを指すものでしょう。しかし、周也は律には気付くことができなかった「しめった土のにおい」に気付き、「トンネル」にも注目しています。周也が「しめった土のにおい」を感じ取っているのは、この時に抱いている感情が、律の感じているような清々しさや、心が通じ合えたという喜びだけではないからだと思います。「1」にはない「ひょっとして——と、ぼくは思った。」からの語りがあることで、周也だけが抱いている感情があるということが想像できます。例えば、「会話のキャッチボール」とは「いい球」を投げることではなく「相手の言葉を受け止める」ことから始まるということに気付き始めていたり、律の言葉を本当に受け止められたのかわからないという、半信半疑な気持ちを抱いていたりすることなどが挙げられます。これらの複雑な気持ちが、「しめった土のにおい」には表れていると考えられます。

教材研究の目 3
「言葉」に対する思い

①「言葉」に対する思いを見つめ直す

「帰り道」を内容と書かれ方の両面から分析しようとした時に、内容に着目するならば、本作品のテーマが「言葉」であることが大切になると思います。描写を基に律と周也の「言葉」に対する思いを想像することを通して、学習者にも自らの「言葉」に対する思いを見つめ直してほしいと考えます。

森絵都は、教師用指導書に掲載されている「作者の言葉」で、自身も言葉に悩まされていたと述べ、「子どものころ、言葉を上手に操る子たちをただ羨むのではなく、もっと相手の胸中を想像してみればよかったと今は思います。相手への理解が自分自身の心を軽くしてくれるのはよくあることです」と伝えています（光村図書、2020）。そして、本作品が律と周也の語りから構成されていることは、人それぞれ考えていることやものの見方は異なるのだということを直感的に感じ取ることのできるしかけとして機能するでしょう。

では、律と周也の「言葉」に対する思いはどのように変容していったのでしょうか。律については「「こんな」をうまく言葉にできたなら、周也とちゃんとかたを並べて、歩いていけるのかな。」と「「どっちも好き」と「どっちも好きじゃない」がいっしょなら、「言えなかったこと」と「なかったこと」もいっしょになっちゃうのかな。」という律の「言葉」に対する思いが、心内語として語られます。そのような律の思いが変わったのは天気雨の場面です。「シャワー」や「公園の新緑がふりまく初夏のにおい」という描写からは、すっきりとすがすがしい律の心情を思わせます。また、「単純すぎる自分がはずかしくなった」とあることから、笑い合っている時の律は、素直で飾っていない自然体のように見えます。周也は自然体の律を受容し一緒に笑い合ってくれたことから、律は思っていることをうまく伝えられない自分でもそのままの自然体でよいと肯定されたように感じたのかもしれません。「言葉」というのは、思っていることをはっきりと口にできなければ、なかったものになるという捉え方から、はっきりと言えなくても、素直な気持ちで自分なりの言葉を伝えれば、自分の思いをわかってもらえることもあるという捉え方へと変容したことを、読み取ることができます。

②ピンポン球

周也については、天気雨の場面での「(ピンポン) 球」がキーワードとなっています（これについては「教材研究の目4」で改めて述べます）。周也は、母親の小言を思い出したことをきっかけに「会話のキャッチボール」をしたいと思うようになります。そして、周也は律が返してくれるようなむだ打ちではない「いい球」を投げなくてはならないと思い込んでしまいます。そのような周也の思いが変わったのも天気雨の場面です。天気雨の後の場面では、「しめった土のにおいがただようトンネル」を律と並んで歩く様子が語られています。今までは静けさが苦手だった「緑のトンネル」でも「律と並んで」歩くことができるようになっていることから、沈黙を気にすることがなくなったのかもしれません。「トンネル」というのは中が暗くなっていますが、必ず明るい出口につながっているものです。本当に律の言葉を受け止められたのかという半信半疑な気持ちも、いつかは晴れるかもしれないと思っている周也の気持ちが表れているとも解釈できるのではないでしょうか。

このように、自らの「言葉」を「ピンポンの壁打ち」と捉え、律が返してくれるような「いい球」を投げて「会話のキャッチボール」をしたいと考えていた周也が、「いい球」は投げそこなったけれど律の言葉を受け止めることができた経験から、「会話のキャッチボール」とは、まず「相手の言葉を受け止める」ことから始まるということに気付くという「言葉」に対する思いの変容を読み取る際に、情景描写が大きな役割を果たすのです。

教材研究の目 象徴表現 4

①キーワード「みぞおち」

「帰り道」には、繰り返し使われているキーワードとなる言葉があります。そしてそれらは律と周也の人物像や「言葉」に対する思いを象徴するものでもあります。佐藤（2021）はそれぞれのキーワードに注目させることで、律、周也それぞれの気持ちの変化を捉えることができるとして、次のように述べています。

> 「1」の律の物語では、「みぞおち」の異物が律の心情を表している。「1」の全体で三度出てくる「みぞおち」の表現を基に、どのように律の心情が変化しているのか捉えさせたい。一方、「2」の周也の物語では、キャッチボールの「球」が周也の言葉を象徴している。「球を放って」「投げる」など、「球」に係わる表現を基にすることで、周也の自分自身の言葉に対する見つめ方を捉えさせたい。

「1」のキーワードである「みぞおち」という言葉が初めて登場するのは昼休みの回想場面です。周也の「どっちも好きってのは、どっちも好きじゃないのと、いっしょじゃないの。」という発言を重く受け止めてしまったことが「みぞおちの辺りにずきっとささった。」という文で表現されています。心配なことがある時や緊張した時にみぞおちや腹部の痛みを感じたことがある学習者も多いことが予想されることから、共感を得やすい場面だといえます。その後はまた帰り道の場面に戻り、さらに「みぞおちの辺り」が重くなっていきます。律は黙って歩きながら、周也のように思っていることが言えないことだけでなく、周也との「頭の位置」や

「足どり」の差にまで劣等感を抱き、落ち込みが増していく様子が表れています。

そして、「みぞおちの異物」が消えたのが天気雨の場面になります。律は「本当に、あっというまのことだったんだ。」と天気雨の出来事を印象付けて語っています。そして、洗い流されたものを「何か」としていたり「気がつくと」と語っていたりすることから、天気雨に降られている間は周也と一緒に笑い合うことに夢中になっていたことが伺えますし、それだけで「みぞおちの異物」が消えてきたことを「単純すぎる」とも表現しています。だからこそ、これまでの律から成長し、「ぼく、晴れが好きだけど、たまには、雨も好きだ。」と「思っていること」を素直に伝えるほどの勇気を出すことができたのではないでしょうか。

②キーワード「球」

次に、「2」のキーワードである「球」について述べます。周也が「球」について考え始めたのは、母親の小言がきっかけとなっています。佐藤（2021）も指摘していますが、野球チームに所属している周也らしさが表れている表現が多く使われています。

また、天気雨の場面で「空からじゃんじゃん降ってくるそれが、ぼくの目には一しゅん、無数の白い球みたいにうつったんだ。」という特徴的な文があります。また、直後の段落で「無数の白い球」を「ぼくがむだに放ってきた球の逆襲」と表現しています。これらの表現を含む天気雨の場面は、周也が今まで行ってきた会話を象徴する場面でしょう。ピンポン球のことを考えていた周也には、雨粒がピンポン球に見え、さらに「逆襲」されるように感じています。「球の逆襲」には天気雨に降られていた時の周也の気持ちが象徴されており、これまで「ピンポンの壁打ち」を受け止めていた律の気持ちの追体験や、言葉にできていなかった律からの返答などに感じ取れたのかもしれません。「無数の白い球」と「球の逆襲」は多様な解釈が可能になりますので、読みを交流させたい表現でもあります。

教材研究を活かした単元計画と発問・交流プラン

1 二つの視点からなる物語を比べながら読もう

POINT

「1」と「2」の表現の違いに着目する

「教材研究の目1」でも述べましたが、本作品は律と周也の二つの視点から語られており、同じ出来事について語っていても「1」と「2」で表現が異なるというところに面白さがあります。本プランは、そのような書かれ方に着目し、表現の違いから律と周也の人物像や物語の全体像を捉えていく単元プランです。

一次では、はじめに疑問に思うことや気付いたことを話し合います。まずは「1」だけを読み、その後に「2」を読むことで、学習者は「1」と「2」で同じ出来事を異なる視点から書いた作品であることに気付くでしょう。自然と「1」と「2」を比べながら読むことになり、同じ出来事でも視点が異なると違う表現になっていることがわかります。「1」を上段、「2」を下段に配置するなどして「1」と「2」を見渡すことのできる教材文を用意すると、「1」と「2」を比べながら学習しやすくなります。

二次では、三次での交流に向けて律と周也の気持ちの変化を捉え、二人の人物像や物語の全体像をおさえていきます。ここでは、三次で〈問い〉を基に解釈を形成するための手がかりを得ることを目的とします。

三次では、本作品の書かれ方に着目した〈問い〉による交流を行います。二人の気持ちを読み取るだけでなく、作者がそのように描いた理由について考えることで、学習者の読みやその交流がより深いものとなることが期待できるでしょう。

単元計画

次	時	●主な発問〈問い〉　・学習活動	・留意点
一	1	**●「帰り道」を読んで，感じたことや考えたことを書きましょう。** ・疑問に思ったこと・気付いたことを話し合う。 ・読み進める方法やみんなで話し合いたい疑問から学習計画を立てる。	・「１」を先に読み，簡単に気付きを交流し「２」を読むようにする。 ・同じ出来事であること，視点が違うと表現が違うことを大まかに捉える。
二	2	**●律と周也の気持ちの変化を場面ごとに整理しましょう。** ・「昼休み」「帰り道」「天気雨」などの場面に分け，「１」と「２」を比較しながら二人の気持ちの変化を捉える。	・「１」は「みぞおち」，「２」は「球」がキーワードであることをおさえると気持ちの変化を捉えやすい。 ・共通の出来事を横軸にした二段組のワークシートに律と周也の気持ちや情景描写を整理する。同じ時間・場所にいても律と周也が考えていることは異なるという気付きを促す。
三	3	**●「行こっか。」「うん。」はそれぞれ誰のセリフでしょうか。また，どちらのセリフともとれるように作者が描いたのはなぜだと思いますか。**交流	・正解があるのではなく，どちらのセリフともとれるように作者が描いているということを意識させる。
	4	**●「１」の「ぬれた地面にさっきよりも軽快な足音をきざんで，ぼくたちはまた歩きだした。」と「２」の「しめった土のにおいがただようトンネルを，律と並んで再び歩きだし」は，同じ場面のことを語っていますが，表現が異なります。このような表現の違いがあるのはなぜだと思いますか。**交流	・表現の違いがある理由について問うことで，作品の描かれ方に着目できるようにする。 ・作品の終末での二人の「言葉」に対する思いや相手への思いについて描写を基に捉えられるようにする。

本時の展開例（第4時）

本時の目標　二つの視点から読むことによる効果について考える

前時の〈問い〉でも、本時の〈問い〉で指定する最後の段落のテクストに着目する学習者は多いことが予想されます。そのため、T1では、前時の〈問い〉とも関連させながら最後の段落の**書かれ方の違い**に着目して読むことができるようにするとよいでしょう。

T2では、本作品が二つの視点からなる物語だということをおさえ、同じ光景についての描写でも異なる描写がされているというのは、律と周也には異なる情景として立ち現れていることによるものだと気付くことができるようにします。二人の「言葉」に対する思いや相手への思いに違いがあるということに気付くことで、T3では、「二人はどんな気持ちなんだろう」「周也の悩みは解決したのかな」「「ひょっとして――」の「――」には何が入るんだろう」など、様々な疑問が学習者から生み出され、交流の場に〈問い〉として出されることが期待できます。そうすることで、二人の人物像や物語の全体像への解釈がより深まると考えられます。T2やT3の交流では、最後の場面だけでなく、他の場面の情景描写にも着目し、物語を一貫した解釈を作っていくことを目指します。「ぬれた地面」や「トンネル」について他の場面でどのように語られていたか考えてみることが、最後の場面の情景描写から律と周也の思いを読み取る手がかりになります。

T4では、本単元のまとめとして本作品の構造について問う発問を取り入れ、書かれ方に着目した単元となることをねらっています。

本時の流れ

	●主な発問〈問い〉 ・学習活動	・留意点
T1	**●「1」と「2」の最後の段落を比べてみよう。** C：「1」にはないけど，「2」は「ひょっとして――」という文がある。 C：「1」は晴れ晴れした感じがする。	・同じ時間・場所のことを語っているが，書かれ方が異なっているということに気付けるようにする。
T2	**●「1」の「ぬれた地面にさっきよりも軽快な足音をきざんで，ぼくたちはまた歩きだした。」と「2」の「しめった土のにおいがただようトンネルを，律と並んで再び歩きだし」は，同じ場面のことを語っていますが，表現が異なります。このような表現の違いがあるのはなぜだと思いますか。** C：律と周也でこの時の気持ちが違うから。	・学習者の状況に応じて「2」は「ひょっとして――」からの文も〈問い〉に含めてもよい。
T3	**●考えたこととその根拠を仲間と交流しましょう。** C：律は思っていることを言えたから「軽快な足音をきざんで」という言葉があってすっきりとした感じだけど，周也は本当に受け止められたかわかんないから，「ひょっとして――」からの文があると思う。 C：「ぬれた地面」よりも「しめった土のにおいがただようトンネル」の方がもやもやしている感じが伝わる。	・グループでの交流後，話し合ったことを全体でも共有する。 ・学習者の読みの内容だけでなく，着目した根拠を指摘する。 ・作品の終末での二人の「言葉」に対する思いや相手への思いについて描写を基に捉えられるようにする。
T4	**●作者が「1」と「2」を描いたのはなぜでしょう。** C：「1」だけだと律の悩みが解決しただけの話になるけど，「2」があることで周也にも悩んでいることがあるというのがわかるから。	・作品全体を通して，二つの視点からなる物語であることについての作者の意図を考えられるようにする。

教材研究を活かした単元計画と発問・交流プラン

2 律と周也の「言葉」に対する思いを読もう

POINT 「言葉」に対する思いに着目する

「帰り道」は「言葉」にまつわる物語です。学習を通して、律と周也の「言葉」に対する思いを読み取ることを促したいと考えます。本プランは全5時間の短い計画ですので、特に「言葉」に対する思いに重点を置き、それを象徴する様々な叙述に着目できるような〈問い〉を立てて交流を行います。

二次では、律と周也の人物像を捉えていきます。自分は律と周也のどちらに似ていると思うかを考えることで、二人の性格や「言葉」に対する思いについて考えるきっかけとします。そして、そのように想像した根拠となるテクストはどこなのか問うことをはじめとして、「1」と「2」を比較しながら、視点を変えることでわかる見え方の違いを整理しながら、律と周也の人物像を考えていきます。また、「律が「今だ」と思ったのはなぜでしょう」「「ひょっとして——」の「——」に入る言葉は何でしょう」は、**二人の「言葉」に対する思いについて言及することが不可欠になる〈問い〉**です。これらの〈問い〉を基にした交流を通して、本作品の読みを深めていきます。

三次では、本作品の後日譚を書く活動を設定しました。語り手は律と周也どちらでも書けますし、二人の「言葉」に対する思いの変容をどのように捉えたのかによって描かれる物語は多様になるはずです。書いた作品を読み合い、感想を伝える活動を通して自他の文章のよいところを見つけることができるようにします。

単元計画

次	時	●主な発問〈問い〉　・学習活動	・留意点
一	1	**●「帰り道」を読んで，感じたことや考えたことを書きましょう。** ・題名から物語の内容を想像する。 ・「１」を読み，律と周也の人物像を想像した後に「２」を読む。 ・疑問に思ったこと・気付いたことを話し合う。 ・みんなで話し合いたい疑問を出し合い，〈問い〉や学習計画を立てる。	・同じ出来事であること，視点が違うと表現が違うことを大まかに捉える。
二	2	**●律と周也の人物像を考え，視点を変えることでわかる見え方の違いを整理しましょう。** ・自分は二人のどちらに似ていると思うか考える。 ・律と周也の人物像について，「律から見た律自身」「周也から見た律」「周也から見た周也自身」「律から見た周也」の観点で整理する。	・「１」だけを読んだ時と「２」だけを読んだ時，「１」と「２」を合わせて読んだ時を比べることで，視点によって人物像の見え方に違いがあることに気付くことができるようにする。
	3	**●律が「今だ」と思ったのはなぜでしょう。** 交流 **●「ひょっとして――」の「――」に入る言葉は何でしょう。** 交流	・根拠とした叙述をしっかりと示しながら交流するよう声をかける。
	4	**●仲直りのきっかけを「天気雨」とした作者の意図を想像しましょう。** 交流	・前時で出た学習者の考えと関連させて，本作品において「天気雨」がもつ意味について考える。
三	5	**●律と周也のこれからの帰り道を想像して物語を書きましょう。** ・これからの二人の「言葉」の使い方を想像する。 ・書いた物語を交流し，感想を伝え合う。	・学習者の実態に応じて、律（周也）になりきって周也（律）に手紙を書く学習活動も考えられる。

本時の展開例（第3時）

本時の目標　律と周也の「言葉」に対する思いについて考える

本時では二つの〈問い〉について交流することで**律と周也の「言葉」に対する思いの変容**や、変容をもたらした**「天気雨」の意味**について考えます。

T2では、律の「言葉」に対する思いを捉えるための〈問い〉で交流をします。「今だ」と思った理由を問うことを通して、律が天気雨をきっかけに、自分なりの言葉を伝えることの大切さに気付いたことを捉えたり、天気雨が律に与えた影響について考えたりできるとよいでしょう。

T3では、周也の「言葉」に対する思いを捉えるための〈問い〉で交流をします。「球の逆襲」などの「言葉」に対する思いを象徴する叙述の解釈次第で、様々な言葉を入れることが可能です。例えば、「球の逆襲」を、「ピンポンの壁打ち」を受け止めていた律の気持ちを周也が追体験したと捉えるなら、言葉で返せなくても相手の言葉を受け止めることはできるということへの気付きが「――」の部分で語られるでしょう。直後に語られている文をそのまま入れるとしても、「投げそこなった」という言葉を手がかりに、母親の小言などを関連させ、周也の「言葉」に対する思いを読むことができると思われます。

T4では、「二人の「言葉」に対する思いが変わったことについて」自分の考えを書くことで、本時のまとめとします。二つの〈問い〉による読みの交流で考えたことを基に考えられるよう、板書が整理されているとよいでしょう。また、ここで挙がった「天気雨」についての言及を取り上げ、次時の学習課題とします。

本時の流れ

	●主な発問〈問い〉　・学習活動	・留意点
T1	**●律と周也の「言葉」についての悩みとは何か整理しましょう。**	・これまでの学習を振り返りながら整理する。
T2	**●律が「今だ」と思ったのはなぜでしょう。** C：「みぞおちの異物が消えてきた。」とあるので，すっきりしたから思い切って思ったことを素直に言うことができたのだと思う。 C：同じ天気雨で周也とはしゃいだことで，周也にならわかってもらえると思った。	・天気雨によって，律の「言葉」に対する思いがどのように変容したのかを考えさせる。 ・グループでの交流後，話し合ったことを全体でも共有する。 ・学習者の読みの内容だけでなく，着目した根拠を指摘する。
T3	**●「ひょっとして――」の「――」に入る言葉は何でしょう。** C：「ぼくは初めて，律の言葉をちゃんと受け止められたのかもしれない」が入る。母親の小言の「相手の言葉を受け止めて」ということの意味がわかったと思う。 C：「言葉にはできなかったけど，律にわかってもらえたかもしれない」が入る。「なぜだか律は雨上がりみたいなえがおにもどって」とあるから，うなずくだけでも思いは伝わるということがわかったと思う。	・「ぼくは初めて，律の言葉をちゃんと受け止められたのかもしれない」を挙げる学習者が多数になることが予想されるため，他の解釈があれば全体で共有して多様な解釈ができることに気付かせる。 ・グループなどの少人数で交流後，全体でも共有する。 ・学習者の読みの内容だけでなく，着目した根拠を指摘する。
T4	**●二人の「言葉」に対する思いが変わったことについて，自分の考えを書きましょう。** C：天気雨のおかげで，どちらも言葉に対する悩みが消えたんだ。 C：自分は周也に似ていると思っていたけど，律の悩みもよくわかった。	・二つの交流で出た考えと関連させて書くよう声をかける。 ・ここで挙がった「天気雨」についての言及を取り上げ，次時の学習課題をつくる。

教材研究の目

一人称の語り 1

①一人称の語り

「きつねの窓」は、語り手である「ぼく」が、過去の自分である作中人物の「ぼく」のことを回想的に語るという一人称の語りが特徴的な作品です。中学校・高等学校では、「少年の日の思い出」や「故郷」など、一人称で語られる多くの作品と出会うことになりますが、小学校段階の学習者が、一人称で語られる物語と出会う機会はあまり多くありません。「きつねの窓」を読むうえでは、学習のつながりを念頭に置きながら、一人称の作品を読む経験を大切にしたいものです。仁野平（2013、1頁）は、次のように述べています。

> 一人称小説を読むには、語り手自身をも考察の対象とする俯瞰的な読みの方略が必要である。三人称全知視点の物語を読み慣れてきた学習者にとって、世界の構造化という点からいえば、質的に異なる新たな読み方であり、また、語り手の対象化という方略は、単に文学の読み方の問題にとどまらず、新たなパースペクティブの獲得として重要な意味をもつ。

仁野平は、一人称作品を読むうえで大切なこととして、「語り手自身をも考察の対象とする俯瞰的な読みの方略」を挙げています。「きつねの窓」においては、語り手である「ぼく」をも読みの対象として、読むことが重要になります。

②語り手「ぼく」の特徴

「きつねの窓」の冒頭の一文は、次のように始まります。

いつでしたか、山で道に迷った時の話です。

上田（2001、125頁）はこの語りについて、「物語の語り手であるぼくが、細部にわたってこんなに詳しく覚えている物語の時期をなぜきれいさっぱり忘れてしまっているか」と述べています。語り手「ぼく」の語りは、冒頭の語りだけでなく、どこかぼんやりとした語りが続きます。一方で、染め物屋で子ぎつねに出会う場面では、「ふうん、これはひとつ、だまされたふりをして、きつねをつかまえてやろうと、ぼくは思いました。」と、きつねの正体を見破る冷静な語りをしています。時期を明確化できないような語りと、店員の正体を「子ぎつね」だと看破する冷静な語りが作品の中で何度も入れ替わるため、この語り手の「不安定さ」が伝わってきます。「きつねの窓」では、こうした語り手「ぼく」の性質を念頭に置きながら作品全体を読み進めていくことが必要となるのです。

また、もう一つの特徴として、語り手「ぼく」と、作中人物「ぼく」の時間的な隔たりが挙げられます。語り手「ぼく」が、作中人物「ぼく」を語る場合、作品の終末に向かうごとに、作中人物「ぼく」は、語り手「ぼく」に近づいていきます。終末の語りである、「君は変なくせがあるんだなと、よく人に笑われます。」の部分は、この作品の中で、限りなく作中人物「ぼく」が、語り手「ぼく」に近づく瞬間です。この物語を語る「ぼく」がなぜ最後にこのように語るのか意図を考える場合、必然的に現在の「ぼく」に目を向ける必要性が出てきます。作中人物の「ぼく」の不思議な体験が、現在の「ぼく」にどのような影響を与えたのかを考えながら読むことで、一人称で語られる物語としての意味が見えてくるでしょう。

教材研究の目

ファンタジー構造 2

①二つの異界

ファンタジー作品を読む際、着目すべき点の一つに、作中人物がどこの段階でファンタジーの世界の中に入り込んだのか、また出たのかという、異界への入り口や出口の構造を読むということが挙げられます。小学校の教材として採用されている宮沢賢治の「注文の多い料理店」や安房直子の「初雪のふる日」などの実践においても、こうしたファンタジー構造を読む実践は多く存在します。

「きつねの窓」においては、そうした異界が次のような形で二つ存在します。

異界A…「染め物　ききょう屋」がある、きつねと出会う世界
異界B…窓を作った先に見える過去の世界

異界Aは、僕がきつねと出会う第一の異界ともいえるでしょう。この第一の異界は、「ぼく」がその体験について疑っていないことや、お土産としてもらったなめこが消えずに残っていることから、一定のリアリティをもった世界として理解できます。異界Aの入り口と出口は、「見慣れた杉林」や、「花畑」といった共通性のある表現などを探すことで、ある程度把握することができます。異界Aを出た後、「ぼく」が二度ときつねに出会うことがなかったということから、異界Aは不可逆的な性質をもつ世界であることが指摘できます。

異界Bは、映す人間の過去を見ることのできる第二の異界といえます。異界Bは作品上で三度出てきます。

「子ぎつね」の窓には「死んだはずの母」が映り、「ぼく」の窓には、「昔好きだった女の子」と、「昔住んでいた家」が映ります。異界Bは窓を作ることによって発生する異界であり、手を洗うことがその出口といえるでしょう。

②異界のずれ

ただ、「きつねの窓」は、そうした二つの異界の入り口と出口がずれ、別々に存在しています。通常のファンタジー構造であれば、異界Aの中に異界Bがあるという入れ子構造となるはずですが、そのような構造にはなっていません。三回目の異界Bと「ぼく」が出会うのは、きつねと出会う異界Aから抜けた後になります。三度目に窓に映ったものは、「ぼく」が忘れていた母と妹という「喪失」の記憶でした。そして、異界Aを抜けた後、指を洗ってしまうことから二度とその窓を見ることはできなくなってしまいます。

松本（2014、15頁）は、「第一の異界の往還によって、「ぼく」は鉄砲を失い、「親切なきつね」に出会う機会を失う。そして第二の異界の往還によって、「ぼく」は妹や母という大切な人の不在を想起した上で出会いの可能性を喪失する。取り戻すことのできない喪失の深さを二つの異界の境界のずれが決定的にする。「ぼく」の変容は深刻な喪失感にあると見るべきである」と述べています。松本の指摘から、「きつねの窓」のファンタジー構造を理解することで、語り手「ぼく」の人物像や変化がより明確になると考えられます。そして、作品全体を「ぼく」の「再生」の物語であるとするには無理があることがわかります。特に、終末の語りの部分を読む際には、語り手「ぼく」の人物像に迫る必要があることを考えれば、こうしたファンタジー構造も、交流の根拠として引き出されるべき箇所だといえるでしょう。ただ、こうした異界のずれは、学習者にはなかなか意識化されにくい箇所でもあります。また、意識化されたうえでもその意図を丁寧に確認していくことが求められるでしょう。構造を図式化するなど、理解を促す手立てを講じることも重要だと考えます。

教材研究の目

色彩表現 3

①青のモチーフ

色彩表現には、物語全体のイメージを構築したり、作中人物の心情を鮮やかに浮かび上がらせたりするなどの効果があります。例えば「ごんぎつね」では、物語の終末、兵十によってごんが鉄砲で打たれる場面において、最後の一文として「青いけむりが、まだつつ口から細く出ていました。」という表現が使われています。この中の「青」という色彩表現は、「けむり」と相まって、どこか儚げで、清冷な印象を受けます。安房直子作品にも、豊かな色彩表現が使われていて、「初雪のふる日」では、うさぎや雪の「白」が作品全体のイメージを決定づける重要な要素となっています。こうした色彩表現の意味を考えることは、物語を理解するうえで重要な意味をもちます。色彩表現は、学習者の色彩に対する感覚に依拠する部分はありますが、作品の捉え方や、当該箇所以外の読みも含めて、学習者の読みに大きな影響を与えることがあるのです。

「きつねの窓」でも、ごんぎつねと同様に青がモチーフとして使われています。作者である安房直子が、「私に、『きつねの窓』を書かせたのは、一面の青い花畑でした」と述べる通り、作品全体を通して青という色を強く感じる作品になっています。

こうした青のモチーフについて山本（1995）は、次のように述べています。

> きつねの窓において青色は、発想の原点とも言うべきイメージである。そして実際に、「きつねの窓」を読む読者にとって青色は、テクストのトーンを決定する。それは、「「ぼく」がとてもかわいそうだっ

た。」「切なくて悲しい気持ち」というような子どもの読みに反映しているトーンである

物語は、一面に広がる青いききょうの花畑が突如として「ぼく」の前に現れ、異界への入り口として機能します。そうした異界の中で、ぼくは、指を青に染められることで、不思議な窓を得ることになります。物語前半の青は、現実と異世界を分かつ色としての意味合いをもっています。

しかし、青色の効果は、物語の後半に進むにつれてその様相を変えます。三回目の窓を見ることで、「ぼく」は母や妹を失った記憶を思い出すことになります。そして、自ら手を洗うことで、二度と母や妹に会う機会を失うことになるのです。「ぼく」の強い喪失感を、青色という色彩表現がより強めることになります。

②白のイメージ

もう一人の作中人物であるきつねにも色彩表現が使われています。「白ぎつね」「白い生き物」など、きつねには「白」が使われています。「白」には、一般的に潔白や、神聖などのイメージがありますが、きつねにのみ「白」が使われていることで、より怪異としてのきつねの不思議さを強調しているともいえます。

橋本（2014）は、「青」と「白」は、葬儀の際に使われる「浅黄幕」を連想させ、「死」を連想させるとしています。そう読む場合、「ぼく」が経験した喪失は、ある意味「精神的な死」という読みをより強める効果を発揮するかもしれません。

学習活動を組織するうえで、ただ色のイメージを問うだけでは十分だとはいえません。重要なことは、こうした色彩表現が、作中人物の心情や、作品全体のイメージにどのような影響を与えているのかについて、学習者それぞれの読みを基にしながら、交流する活動を設けることです。具体的なテクストを指定しつつ、相互の解釈を相対化させることで、より有意義な交流になるでしょう。

教材研究の目　象徴表現 4

①窓を作る「くせ」

文学作品を読むにあたっては、象徴表現の意味付けをどのように読むかが、多様な読みを引き出すポイントとなります。象徴表現は空所と同様に、該当するテクストだけでなく、他のテクストとの関連を考える必要があるためです。前項で述べた色彩表現も一種の象徴表現ですが、「きつねの窓」には色彩表現以外にも象徴表現といえる箇所がいくつかあります。特に着目したいのが、終末の語りの部分です。

それでも、ときどき、ぼくは、指で窓を作ってみるのです。ひょっとして、何か見えやしないかと思って。君は変なくせがあるんだなと、よく人に笑われます。

「作ってみるのです。」「笑われます。」という現在形の語りは、語り手である「ぼく」と作中人物の「ぼく」の時間的な隔たりが、限りなく近づいていることを感じさせます。また、「君は変なくせがあるんだなと、よく人に笑われます。」の部分は、語り手「ぼく」が、他者からの評価を自分の目線で語ります。「ぼく」は、「笑われる」ということにあまり自覚的ではなく、むしろ他人事のような感覚さえ覚えます。つまり、「くせ」になるほど頻繁に窓を作っているという自分の行動に自覚的ではないことがわかります。「くせ」と他者が認識するということは、「ぼく」が窓を作る行為を度々行っているということですが、「ぼく」自身は、「ときどき」という比較的頻度の低い副詞表現を使っています。他者が「くせ」だと認識する頻度で窓を作っているほどの強い習慣性を自覚してはいないのです。

この語りの直前は「それからというもの、ぼくは、幾日も山の中をさまよいました。」と、二度と会うことができない「きつね」を何日も探すという場面です。最後の語りにはそうした「ぼく」の過去から一定の時間を経たうえで、突然「くせ」という言葉が現れているのです。「くせ」は、習慣によって生み出されることを考えれば、こうした習慣ができる過程があるはずですが、直前の場面からは、そうした習慣化の過程は一切語られることはありません。つまり、こうした「くせ」ができる過程についても「ぼく」はあまり自覚的ではないともいえます。

②「くせ」のもつ意味

こうした点から、語り手には意識されていない「くせ」をどう読むかという疑問が生まれます。語られないからこそ、語らない部分や、それまでの物語の流れからの意味付けが必要となり、必然的に他の箇所からの説明が必要になります。特に、三つ目の窓の意味や、ファンタジー構造を解釈の拠り所とするのであれば、その執着の強さが、「窓」を失っただけでなく、自分への関心すらも失った語り手「ぼく」の在り様だと読むこともできます。その場合、「くせ」は悲しみの強さと、強い執着の象徴であるという意味付けができるのではないでしょうか。逆に、そうした喪失の重さを軽く見積もる場合、「くせ」の意味付けは、「もう一度窓を見たい」「母と妹に会いたい」と思っているといった「願望」の象徴として機能することでしょう。

つまり、「くせ」の意味付けには、学習者それぞれが捉える「ぼく」の「悲しみ」の度合いが表れるということです。重要なことは、その「悲しみ」が交流の中心となり、語り手「ぼく」の姿が、学習者の中で明確に形作られていくことにあります。そのためにも、「きつねの窓」を読むうえでは、「くせ」という象徴について、意味付けしていく過程が重要なのです。

教材研究を活かした単元計画と発問・交流プラン

1 語り手「ぼく」について考えよう

POINT
一人称の語りに着目する

「きつねの窓」は、**一人称の語り**によって物語が語られます。語り手「ぼく」と作中人物である「ぼく」には、時間的な隔たりがあり、終末の語りはその隔たりが限りなく近づく箇所でもあります。また、一人称で語られるという作品の構造は、**語り手によって意図的な編集がかかっている**ということでもあります。超越的な語り手ではなく、語り手「ぼく」の目によって、**限定的に語られているという作品構造**に着目しながら、読み進めていく必要があるでしょう。

二次では、「ぼく」に関するいくつかの〈問い〉を基に交流することを通して、作中人物「ぼく」と、語り手「ぼく」の双方に迫っていきます。語りによる限定性、時間的な隔たりを捉えたうえで、この二つの位相の「ぼく」が一連の出来事の中で、どう変化し、そしてどうなったのかを捉えていくことになります。特に最後の語りの部分については、具体的なテクストから、**「くせ」という象徴表現の意味付け**をすることで、学習者それぞれの語り手「ぼく」の「悲しみ」の度合いについて考えたいところです。

三次では、**語り手「ぼく」に手紙を書く活動**を設定しました。この物語を語る「ぼく」を学習者がどう捉えているかが、手紙の内容から明らかになります。そうして書かれた手紙を交流することで、作品全体の意味付けについて相互の捉え方の違いが明らかになるでしょう。

単元計画

次	時	●主な発問〈問い〉　・学習活動	・留意点
一	1	**●「きつねの窓」を読んで，気になったことや考えたことを書きましょう。** ・学習の計画を学習者と相談しながら設定する。 **●「きつねの窓」の語り手は誰でしょう。**	・学習者の疑問や，作品の気になったところを出し合い，そこから学習計画をたてる。 ・語り手「ぼく」によって語られている物語であることを捉えながら学習課題や計画を設定する。
	2	**●物語の設定を確認しましょう。** ・物語の流れや設定（時・場・人物）を確認する。	・学習者の実態によっては，挿絵等を使いながら流れを確認する。
二	3	**●「ぼく」はどんな人でしょう。** 交流	・単純な「ぼく」の設定だけでなく，複数の語りを紹介しながら，「ぼく」の語りの不安定さを捉えられるようにする。
	4	**●きつねの子は親切なのでしょうか。** 交流	・交流までの段階で，「親切」という評価が，語り手「ぼく」によるものであることをおさえる。
	5	**●「ぼく」が三度目に見た窓を見続けることができなかったのではどうしてでしょう。** 交流	・三つの窓の違いを比較しながら「ぼく」が窓を見続けられなかった複雑な心情を捉えられるようにする。
	6	**●語り手「ぼく」はなぜ最後の三文を語ったのでしょうか。** 交流	・語り手「ぼく」と作中人物「ぼく」の時間的な隔たりを確認したうえで，〈問い〉に向かえるようにする。
三	7 8	**●語り手「ぼく」に対して手紙を書きましょう。** 交流	・語り手「ぼく」に焦点化することで作品全体における「ぼく」の解釈を表出できるようにする。

本時の展開例（第6時）

本時の目標　語り手「ぼく」と「くせ」という象徴表現について考える

T1では、まずこの物語の**語り手の位相**について確認します。語り手「ぼく」と作中人物「ぼく」がいることを確認しつつ、語りの特徴である「笑われます。」「作ってみるのです。」の語りと、それまで過去形で語られた語りを比較する活動をすることで、終末の三文が、語り手「ぼく」の現在が語られていることをおさえます。

T2では、作品の語りの特徴を踏まえたうえで、**「語り手「ぼく」はなぜ最後の三文を語ったのでしょうか」**という〈問い〉に対する解釈を考えます。ただ、語られた意図を捉えることが難しい学習者もいることが予想されるため、その際には、作中人物「ぼく」に関わる出来事について再度確認したり、三つ目の窓の意味について補助発問を加えたりして、現在の「ぼく」の変容について着目できるようにします。

T3では、それぞれの考えをグループや、クラス全体で検討します。それぞれの考えと、それに関わるテクストを参照しながら、交流を深めたいところです。また、「くせ」という象徴表現については、意識していない学習者もいるかもしれません。**「なぜ「ぼく」にはくせがついたのでしょう」**などの補助的な〈問い〉を交えながら、焦点を絞って交流ができるようにするとよいでしょう。

T4では、交流を行ったうえで、**最終的な自分の解釈**をまとめます。仲間との交流を通じて得られた考えを踏まえて、再度自分の考えを見直してまとめていくことを促します。

本時の流れ

	●主な発問〈問い〉　・学習活動	・留意点
T1	**●最後の語りは誰が語ったものでしょうか。** C：現在の「ぼく」。 C：語り手の「ぼく」。 **●最後の語りにはどんな特徴がありますか。** C：今のことを語っている感じ。	・作中人物「ぼく」と語り手「ぼく」の違いを確認したうえで，終末の語りの時間が現在に限りなく近づいたことを捉えられるようにする。 ・「笑われます。」という現在の語りの特徴をそれまでの語りとの違いから捉えられるようにする。
T2	**●語り手「ぼく」はなぜ最後の三文を語ったのでしょうか。**	・根拠となる叙述を見つけるように指示し，ノートに考えを記述する。
T3	**●考えたこととその根拠を仲間と交流しましょう。** C：「くせ」は，くせになるほど窓を作っていたということだから，まだ窓の景色が見えるんじゃないかと期待している。 C：「ぼく」は，人から変に思われていることを語ってしまっている。それだけ自分の行動に自覚的じゃない。悲しさによって，現実逃避をするような人物になってしまった。	・グループなどの少人数で交流後，全体でも共有する。 ・「くせ」という言葉を取り上げることで，その意味付けについて検討できるようにする。 ・読みの内容だけでなく，着目した根拠も明確にするよう声をかける。
T4	**●この物語を語る「ぼく」についてあなたはどう思いますか。** C：三つ目の窓から受けた悲しみを，いまだに引きずっている。 C：三つ目の窓を見なければよかったと思う。 C：きつねの策略にはまってしまったけど自業自得だと思う。	・最終的に，自分の語り手「ぼく」についての印象をまとめることで，次時に手紙を書く活動につなげていく。

教材研究を活かした単元計画と発問・交流プラン

2 安房直子作品を色に着目して読もう

色彩表現を意味付けながら読む

安房直子作品には、色彩表現が多く使われ、それぞれの作品の大きな特徴となっています。「きつねの窓」では、「青」や「白」が作品内容と相まって、より重要な意味をもっていますが、他の作品においても「色」に着目して読むことでそれぞれの作品内容をより深く理解することができるでしょう。そこで本単元では、他の**「色彩表現」に着目して安房直子作品を比べて読む**ことを目標とします。

一次では、いくつかの安房直子作品を紹介し、**表紙の絵からそれぞれの作品における特徴的な色**を確認します。「色」に着目して読むという単元のめあてを設定し、並行読書をしていくとよいでしょう。

二次では、「きつねの窓」に使われている**「青」と「白」の色彩表現**について、具体的なテクストを確認しながら、その効果を考えていきます。特に「青」については、作品の前半と後半では、意味合いが変化していくことから、その違いを捉えられるようにするとよいでしょう。

三次では、**並行読書**してきた安房直子作品の中から、**印象的な「色」を選んで、作品を紹介する活動**としました。それぞれの色彩表現を、学習者自身がどう意味付けたかを中心としながら、作品内容や登場人物の人物像についてまとめていきます。交流する際には、同じ色を選んだ学習者や、同じ作品を選んだ学習者でグループを組むことで、比較がしやすいようになり、互いの違いがわかりやすくなるでしょう。

単元計画

次	時	●主な発問〈問い〉 ・学習活動	・留意点
一	1	**●絵本の表紙を見て印象的な色を挙げましょう。**	・作品の印象的だったところについて感想を書き，「色彩表現」について触れた学習者の感想を取り上げる。 ・安房直子作品の並行読書をすることを伝える。
	2	**●作品の設定を確認しましょう。** ・作品の設定や流れを確認しながら，色彩表現について整理する。	・登場人物や，場所，時間について確認する。 ・色彩表現が使われている場所について確認する。
二	3	**●窓に映ったものは何だったのでしょう。また，なぜそれが映ったのでしょう。交流** ・〈問い〉について交流する。	・三つの窓を図式化するなど，どの窓について言及しているのか整理して提示する。
	4	**●作品を通した「白」の効果について考えましょう。交流** ・〈問い〉について交流する。	・「白」のイメージや，きつねのイメージについて関連させながら考えられるようにする。
	5	**●作品を通した「青」の効果について考えましょう。交流** ・〈問い〉について交流する。	・具体的な表現を提示することで，「青」の効果について考えられるようにする。 ・作品の前半と後半の感覚の違いを問う。
	6 7	**●他の安房直子作品を読んで，色彩表現がないか探してみましょう。** **●色彩表現に注目しながら，作品を一つ選んで紹介文を書きましょう。** ・比べ読みをする。	・色彩表現の効果について考えられるよう，「初雪のふる日」や「青い花」など，他の安房直子作品を比べ読みする。
三	8	**●紹介文を読み合って，感想を伝え合いましょう。交流** ・グループごとに感想を伝え合う。	・選んだ色や作品ごとにグループを分けることで，学習者が考えを比較しやすいようにする。

本時の展開例（第5時）

本時の目標　作品を通した「青」の効果について考える

T1では、「青」の色彩表現が使われているテクストをいくつかピックアップをします。例えば、「青いききょうの花畑」「青いガラス」「青く染められた四本の指」などをピックアップしていくとよいでしょう。作品を通して多く使われている**「青」の色彩表現を焦点化**して提示し、本時の〈問い〉につなげていきます。

T2では、**「「青」は作品にどのような効果を与えているでしょう」**という〈問い〉を基に、自分の考えを形成していきます。

T3の交流では、作品全体の「青」の効果について交流をしていきます。作品全体における「青」の効果を説明することから、考えの比較が難しい部分もあるかもしれません。重要なことは、学習者それぞれがテクストをどのように関連付けたかという点にあるので、交流の中で、**具体的な根拠を提示しながら交流する**と互いの違いが見えやすくなるでしょう。

全体交流では、グループ交流で獲得された考えも含めて話し合います。作品の前半と後半で「青」の感じ方が異なることは学習者が気付きにくい点です。学習者の素朴な気付きを取り上げたり、**「作品の前半と後半でどちらが青色を強く感じますか」**などの補助発問をしたりして、気付きを促したいところです。

T4では、**青の象徴性**について考えます。短い言葉で表現することで、学習者それぞれの「青」に対する捉えを確かにすることができるでしょう。

本時の流れ

	●主な発問〈問い〉 ・学習活動	・留意点
T1	**●「青」が使われている表現を抜き出しましょう。** C：青いききょうの花畑。 C：青く染められた四本の指で，ひし形の窓を…。	・前時で扱った「白」の印象や意味付けを確認する。 ・叙述をいくつか取り上げることで，着目する箇所を限定する。
T2	**●「青」は作品にどのような効果を与えているでしょう。**	・ノートに考えを記述する際，自分がもつ「青」のイメージと，作品における「青」のイメージを比較しながら考えるよう声をかける。
T3	**●考えたこととその根拠を仲間と交流しましょう。** C：「青」は異世界へと誘い込む色だと思った。「ぼく」が異世界に入った時に最初に目にした色がききょうの花畑だったから。 C：私は悲しみの色だと思いました。「ぼく」は窓を失って，二度と母や妹と出会う機会を失ってしまうし，「青」という色を使うことでより悲しみが強まっているのだと思いました。	・グループで交流後，全体でも共有する。 ・全体での検討では，作品前半と後半の「青」の効果の変化について問うことで，「青」の効果がより強まっていることを捉えられるようにする。
T4	**●きつねの窓の「青」には，何が表現されていると思いますか。** C：「ぼく」の喪失感。 C：異世界の入り口。 C：きつねの悪意。	・色彩表現に表現されるものを短い言葉でまとめさせることで，自己の意味付けを明確にできるようにする。

教材研究の目

決定不可能箇所

1

①意味のわからないことば

「やまなし」を読むと、子どもたちから次のような疑問が提出されます。

・「クラムボン」とは何か
・「イサド」とはどこか

「クラムボン」については、「かにの兄弟」の会話の中で「クラムボンは 笑ったよ。」とあります。ここから意思をもっている生物の可能性もありますが、泡の様子や反射する光を比喩的に表している可能性も考えられます。

原（1999、217頁）は「クラムボン」について、「蟹の兄弟が交わす掛け合いことばの中に登場する意味不明の語」として、いくつかの説を紹介していますが、どれも決定打に欠けるもので、作品の外側の情報による説がほとんどです。

また、「イサド」については、「もうねろねろ。おそいぞ。あしたイサドへ連れていかんぞ。」という「お父さんのかに」の発話から「場所」を指し示すことはわかります。原（1999、49頁）は「賢治の造語かと思われる地名だが未詳。旧江刺郡の中心、岩谷堂を念頭に置いたものと思われる」としています。こちらも「クラムボン」と同様に、作品の外側の情報による説が提出されています。いずれにしても、「やまなし」の本文から、その答えを見つけることはできそうにありません。

②決定不可能箇所の意味を考える

「クラムボン」や「イサド」といった造語は、一見、イーザー（1998）の「空所」と似ているように感じますが、空所とは決定的に異なります。空所とは、想像力を働かせて、埋めてつなぎ、一貫した意味を作り出そうとするように読み手に働きかけるポイントです。対して、これらの造語は、作品の中から、微かな痕跡は見つけられたとしても、決定的な意味を見つけることができないからです。「クラムボン」や「イサド」は、空所ではなく、決定不可能箇所といった方が適切であると思われます。

しかし、なぜ、意味を宙づりにしている状態を、作者（「やまなし」を書いた宮沢賢治ではなく、作品から読み取ることのできる想定される作者）は、解消しようとしなかったのでしょうか。本来、物語は、プリンス（1991）のいうように報告価値性をもっているはずですから、決定不可能箇所は伝えるという行為の妨げになるものです。ここに読みの交流の可能性があります。

むしろ、学習者の疑問に端を発して、「「クラムボン」とは何か」「「イサド」とはどこか」について考え、「なぜ、作者は、「クラムボン」や「イサド」といった意味がはっきりしない言葉を使ったのか」という〈問い〉によって交流することができるかもしれません。この方が、作品の外側の情報から「クラムボン」を「かに」とか「プランクトン」といった形で、着地点を設定してしまうような授業よりも意味のあることといえます。

ただ、作者の意図についても、明確な回答があるわけではありません。しかし、どうしてそのように考えたのかについて、妥当性のある回答を構築する過程にこそ、意味があると思われます。

また、読書単元として、同じ作者の他の作品に共通する意味が不確定な言葉が使われていないかを探すなど、一つの観点として機能させることもできます。

教材研究の目

語りの構造

2

①「やまなし」の構造

「やまなし」は次のような構造になっています。

(1)小さな谷川の底を写した、二枚の青い幻灯です。
(2)一　五月
(3)二　十二月
(4)私の幻灯は、これでおしまいであります。

見てわかるように、(1)と(4)が対応して置かれ、額縁のように(2)と(3)を囲うような形になっています。この作品は、語り手「私」が「幻灯」を見ながら、「一　五月」と「二　十二月」の内容を語るという構造をもっています。しかし、これまで「やまなし」では、「一　五月」と「二　十二月」の内容に関心が集まる傾向があり、語り手である「私」が注目されることは、あまりありませんでした。西郷文芸学の視点論や法則化運動による分析批評的視点論によって視点概念の導入もされてきましたが、それはあくまで語り手「私」という概念を用いながら、「一　五月」「二　十二月」の仕組みを読むためのものでした。

西郷（1994、32頁）は、「「やまなし」は、話者の〈外の目〉が蟹の子供らの〈内の目〉によりそい、かさなるという視点（いわゆる三人称限定視点）である」と述べています。ここで言われているように、「一　五月」と「二　十二月」は、語り手「私」の存在を意識することなく読めるような仕組みをもっています。

②額縁の意味

ただ、長尾（1990）が言うように、物語全体を通して、視点を固定的に捉えてしまうと、比較的客観的に描くようなパターンを捨象してしまうことになります。実際、語り手は、「二ひきのかに」の視覚を借りて見ているように読める場合と、谷川の底に「二ひきのかに」の近くにいるよう（臨在しているよう）に読める場合があります。

このような語り手の視点の置き方や臨在性は、読み手がどの言葉を重視するかによって異なります。そして、この積み重ねによって、読みが形成されていくことになります。異なる読みが提出されるのは、このような事情によるものですが、「やまなし」の場合には「一　五月」と「二　十二月」だけを取り上げて、語り手の視点の置き方や臨在性を問題としたところで、読みの違いが表れることはなさそうです。

むしろ、どうしてこのような構造にしたのかという〈問い〉をめぐっての交流が可能かもしれません。冒頭の**「小さな谷川の底を写した、二枚の青い幻灯です。」**と末尾の**「私の幻灯は、これでおしまいであります。」が、ある場合とない場合では、どのような違いが作品に生まれるのか**、といった〈問い〉です。

甲斐（1979、153頁）は、「その二文の文末表現「です」「であります」の丁寧さから、聞き手が幾人もいたこと、語り手は大人であること、が考えられる」と述べ、冒頭と末尾の文から語り手「私」が置かれている状況について考察しています。

「やまなし」において、語り手に、このように語らせた「想定される作者」の意図が見え隠れします。先の課題からさらに進めて、**なぜ、「一　五月」と「二　十二月」を語る語り手「私」の存在が必要だったのか**ということも興味深い〈問い〉の一つです。

教材研究の目

3 対比的構造と連続的構造

①対比的構造

「やまなし」は、「五月」と「十二月」に、対比関係を見いだすことができます。光村図書の教師用指導書に掲載されている、「〈分かる〉作品と〈分からない〉作品」という小論で、上（2020、56頁）は、次のような読みを提出しています。

「五月」の絵にも「十二月」の絵にも、上から飛び込んできて水底にいる蟹の子どもたちを驚かすものがある。前者のそれは魚の命を奪うかわせみであり、後者のそれは、やがて芳醇の美味となる山梨である。そしてこの一編が「やまなし」と題されているのは、作者が山梨に大きな意味を認めていたからであり、その意味の重要性は、山梨と照応関係にあるかわせみにも波及しないではいないのだ。つまり、かわせみが魚の命を奪う「五月」の絵は、いわば〈万物が生命の歌をうたう春における冷厳な死〉を示し、「十二月」の絵は、〈物みな眠りに就く冬における豊饒な生〉を示しており、その両者を含み持ったものがすなわち〈人生〉というものだ――とするのがこの一編の主題なのである。

甲斐（1976・1977・1978・1979）も、自分が生きるために魚を襲うかわせみと、自分の命と引き換えに谷川に平和と豊かさをもたらすやまなし、かわせみや魚が捕食している五月の動的な世界と、十二月の静的な世界という対比的構造を見いだしています。

②連続的構造

このように「五月」と「十二月」を対比的に捉え、その違いを意味付けていくということは、従来、多くの教室で行われてきました。一方で、「五月」と「十二月」に時間的経過を見て、その継続性に着目したものもあります。須貝（2001）は、「五月」から「十二月」の変化を、「五月」は「かにの子どもら」が「なぜ」という疑問をもっているのに対して、「十二月」では、「なぜ」という疑問をもたなくなってしまったことを指摘して、「成長」と位置付けています。また、花田（2001、21頁）は、「かにの子どもら」の「五月」から「十二月」の変化を「成長」とすることには慎重な姿勢をとりながらも、次のような読みを提出しています。

『やまなし』は、子どもの時間から大人の時間への転移を描いた作品だといってみることができる。もっとも、「五月」と「十二月」とで画然と対比できるわけでなく、「五月」自体のうちにすでに大人の時間への移行が書き込まれているものの、『やまなし』の冒頭から末尾へと至る小説の時間としてみれば、『やまなし』一篇の時間はおおむねこのように変化していっている。

このように、「五月」と「十二月」の関係を並列に置いて、対比的に意味付けていく対比構造と、「五月」と「十二月」を連続的に捉え、意味付けていく連続構造という、二つの読みの方向性があります。「五月」と「十二月」を対比的に捉えることを前提として〈死と生〉や〈暗と明〉というわかりやすい構図に着地させるのではなく、「五月」と「十二月」から、子どもたちが素朴に気付いたことを挙げて「五月」と「十二月」の関係を考えるというような学習活動のありかたを、テクストの本質から指摘することができるでしょう。学習者の素朴な意味付けを生かしながら、対比的構造と連続的構造の二つの方向性を捉えさせていきたいところです。

教材研究の目

擬音語・擬態語、比喩表現 4

①擬音語・擬態語

「やまなし」には、多くの擬音語・擬態語が用いられています。聴覚による経験を言語音によって表したものを擬音語といい、聴覚以外の物事の様子や状態などの経験を言語音によって表したものを擬態語といいます。「やまなし」には、例えば、次のような擬音語・擬態語（オノマトペ）があります。

a 「クラムボンは かぷかぷ笑ったよ。」
b 三びきは、ぼかぼか流れていくやまなしの後を追いました。
c （前略）月光のにじがもかもか集まりました。

a「かぷかぷ」、b「ぼかぼか」、c「もかもか」は全て、後ろの動詞を修飾する形になっています。しかし、「笑う」を「かぷかぷ」、「流れる」を「ぼかぼか」、「集まる」を「もかもか」と修飾するような例はあまり見たことがありません。また、他の場面では「やまなし」が落ちてきた様子を「トブン」と表現しています。おそらく、「ドボン」や「ドブン」の方が一般的であるでしょう。

擬音語・擬態語は基本的に慣用化されていく傾向にあります。それは、伝達ということを目的にした場合には、慣用化した方が、他者に伝わりやすいからです。

しかし、「やまなし」では、慣用化されていない擬音語・擬態語が用いられています。それは独自性の強い擬音語・擬態語ということができるでしょう。

②比喩表現

また、「やまなし」には、比喩表現も多く用いられています。「やまなし」の比喩表現には、例えば、次のようなものがあります。

d　上の方や横の方は、青く暗く鋼のように見えます。
e　日光の黄金は、夢のように水の中に降ってきました。
f　その冷たい水の底まで、ラムネのびんの月光がいっぱいにすき通り、天井では、波が青白い火を燃やしたり消したりしているよう。

比喩表現とは、Aを表すのにBを用いているもので、通常、AとBには類似性が認められます。例えば、「豆腐のようなパソコンを起動する」の場合には、「豆腐」と「パソコン」に、「白くて四角い」という類似性を見いだすことができます。そのことで「豆腐のようなパソコンを起動する」が比喩表現と認められます。

しかし、「やまなし」に見られる比喩表現は、AとBの類似性を探すことが難しかったり、類似性を認めにくかったりするものも混ざっています。ただ、比喩表現の場合は、擬音語・擬態語とは異なり、言葉と言葉の結びつきに意外性があると面白さを感じられる面もあります。

擬音語・擬態語も比喩表現も言語活動を抜きにして理解することは難しいものです。そのことを意識しながら、「やまなし」における擬音語・擬態語、比喩表現の特徴と、言葉に対する感覚をメタレベルから確認するような活動が必要となります。

教材研究を活かした単元計画と発問・交流プラン

1 作品の語りに注目して読もう

POINT 「語り手」に着目する

「やまなし」は、語り手「私」によって二枚の「幻灯」を基に想像した谷川の底の世界が語られるという構造をもつ作品です。また、「一　五月」と「二　十二月」は、対比的・連続的に描かれており、そういったところから内容を整理できます。語りの構造を確認するとともに、「一　五月」と「二　十二月」を対比的に捉えたり、連続して捉えたりしながら、作者（ここでは、宮沢賢治の生き方や考え方とは切り離し、想定される作者として考えることが望ましい）のメッセージを考えていく単元プランになっています。

一次では、文章全体を見通し、初読の感想を書きます。また、物語の設定（時・場・人物）や**語り手は誰か**ということを確認することで、学習を進めるうえでの共通の枠組みを学習者が意識できるようにします。

二次では、「一　五月」と「二　十二月」の内容を読み取りながら、対比的・連続的な観点から意味付けていきます。

三次では、冒頭と末尾がある場合とない場合の印象の違いを出発点として、**「語り手「私」がいることでどのようなよさがあるかを考えましょう」**という〈問い〉をめぐって交流をしていきます。この〈問い〉とその交流を通して、学習者一人一人が作者からのメッセージを考えるきっかけをつくることができます。最後に、これまでの学習を踏まえて、自分が「やまなし」という作品をどのように読んだのかをまとめます。

単元計画

次	時	●主な発問〈問い〉　・学習活動	・留意点
一	1	**●「やまなし」を読んで，初発の感想を書きましょう。** ・めあてを確認して，学習計画を立てる。	・初発の感想を生かしながら，学習計画を立てる。
	2	**●物語の設定（時・場・人物）を読み取りましょう。** **●「やまなし」の語り手は誰でしょう。**	・語り手「私」によって語られている語りの構造を確かめる。
二	3 4	**●「一　五月」と「二　十二月」に書かれていることをそれぞれ整理してみましょう。**	・クラス全体でやりとりしながら内容を整理することで，次時以降の交流を深められるようにする。
	5	**●「一　五月」と「二　十二月」の内容を，それぞれ短い言葉で表現してみましょう。**交流	・素朴な気付きからまとめていくが，本文のどこからそのように思ったのかを明らかにするようにする。
	6	**●「一　五月」と「二　十二月」が選ばれた理由について考えてみましょう。**交流	・対比的な構造だけではなく，連続性にも注目できるようにする。
三	7	**●「五月」「十二月」の場面では，語り手はどこにいるでしょう。** **●語り手「私」がいることでどのようなよさがあるかを考えましょう。** 交流	・「私」が語っていることが作品にどのように影響しているかを「よさ」の点から考えることで，次時の作者からのメッセージを考える学習活動につなげる。
	8	**●「やまなし」の語りの構造と「一　五月」「二　十二月」の内容から作者からのメッセージを考えましょう。** 交流	・個人によって，相当に違いがある。自由に書いてよいが，学習の中で，他者から影響を受けたことや自分の変化についても言及できればなおよい。

本時の展開例（第7時）

本時の目標 語り手「私」の効果について考える

T1では、第2時に確認した語り手「私」が、「一　五月」「二　十二月」において、どこにいるのかを問います。おそらく、多くの学習者から谷川の底にいるという意見が提出されることになりますが、実際には、語り手「私」は、二枚の幻灯の前にいて、谷川の底にはいないということを確認します。これは、本時の中心の〈問い〉のために必要になります。

T2では、T3の交流に向けて、考えをもつのが難しい学習者には、机間指導で**「最初と最後の一文がある場合と、ない場合では、印象がどのように異なるのか」**ということについて簡単に確認し、**「語り手「私」がいることでどのようなよさがあるかを考えましょう」**という補助的な発問をしていきます。その際、物語全体や他の場面の叙述と関連付けて説明できるように指示します。

T3の交流では、物語全体や他の場面の叙述と関連付けながら説明していきます。このような交流を通じて、語り手にこのように語らせた作者の意図を想像することになります。また、多様な意見の交差によって、自分の考えを広げたり、自分の意見を強固にしたりすることができます。

T4では、本時の活動を通じて、語り手にこのように語らせた作者の意図について、**自分の言葉**でまとめていきます。そうすることで、「やまなし」の作者のメッセージをまとめていくという次時の学習活動につなげることができます。

本時の流れ

	●主な発問〈問い〉　・学習活動	・留意点
T1	**●「一　五月」「二　十二月」の場面では，語り手はどこにいるでしょう。** C：谷川の底。 C：現実の世界。 **●最初と最後の一文がある場合と，ない場合では，印象がどのように異なりますか。** C：「私」がいるということがわかって現実に引き戻される。 C：谷川の底の話がつくり話ってことがわかる。	・語りの構造を再度確認することで，語り手の役割について考えるという本時のめあてにつなげる。 ・最初と最後の文に目を向けることで，一人一人が「私」がいることの「よさ」に対する考えをもつことができるようにする。
T2	**●語り手「私」がいることでどのようなよさがあるかを考えましょう。**	・「私」が語っていることが明確になることが作品にどのように影響しているのかを「よさ」の点から考える。
T3	**●考えたこととその根拠を仲間と交流しましょう。** C：最後の一文があることで，谷川の底の世界が現実ではないことが強調されている。 C：直接「私」が，語りかけてくる感じがして，その世界に入り込める。	・四人グループを基本とする。 ・他者と交流して新たに考えたことはメモしておく。 ・交流後，全体で共有する。
T4	**●作者は，どのようなことを意図して，最初と最後の文を入れたと思いますか。** C：メッセージをはっきり伝えないようにすることで，読み手に考えさせようとしている。 C：谷川の底にも，自分たちが知らないだけで世界が広がっているというメッセージを伝えたかった。	・作者の意図について自分の考えをまとめることで，「作者のメッセージを考える」という次時の学習の足がかりとなるようにする。

教材研究を活かした単元計画と発問・交流プラン 2

宮沢賢治の作品を読もう

観点を明確にする

「やまなし」には造語、独自性の強い擬音語・擬態語や比喩表現が多く見られます。それらを取り上げて、「賢治的な世界」として説明してしまうことは簡単です。しかし、ここでは、「やまなし」における擬音語・擬態語や比喩表現を読み取ったうえで、これらを観点として、賢治の他の作品から同様の表現を見つけていくという**読書単元**のプランを考えました。

一次では、宮沢賢治の他の作品について取り上げ、読書単元であることを確認するとともに、学習者の気付いたことのうちから「クラムボン」「イサド」といった造語や擬音語・擬態語、比喩表現などを取り上げます。

二次では、造語や擬音語・擬態語、比喩表現などについて、**「「クラムボン」「イサド」とは何でしょうか」「独特な「擬音語・擬態語」を取り上げて、一般的に使われる表現と比べてみよう」「独特な比喩表現を取り上げて、言い換えをしてみよう」**といった〈問い〉を中心に学習を進めていきます。これらの〈問い〉について交流することで、表現の独自性を確認していきます。

三次では、観点を決めながら、賢治の他の作品に同様の表現上の特徴がないかを探します。そのうえで、賢治作品の特徴をまとめて、読み合います。

単元計画

次	時	●主な発問〈問い〉　・学習活動	・留意点
一	1	・「やまなし」を読んで，気付いたことを挙げる。 ・知っている「宮沢賢治」の作品を挙げる。	・単元の終わりに，他の宮沢賢治作品を読むことを伝えておく。
	2	**●物語の設定（時・場・人物）を読み取りましょう。**	・気付いたことのうちから造語，擬音語・擬態語，比喩表現などを取り上げる。
二	3	**●「クラムボン」や「イサド」について，どういったものか考えてみましょう。**	・着地点を決めておくのではなく，表現に即して考えながら，「わからない」ということをおさえておく。
	4	**●擬音語・擬態語について，独特なものと通常のものを比べてみましょう。** 交流 ・独特な擬音語・擬態語を取り上げて，一般的に使われる表現と比べてみる。	・いくつかの具体的な擬音語・擬態語を取り上げて，自分の表現の仕方と比べることで，その独自性に気付くことができるようにする。
	5	**●比喩表現について，独特なものと通常のものを比べてみましょう。** 交流 ・独特な比喩表現を取り上げて，言い換えをしてみる。	・いくつかの具体的な比喩表現を取り上げて，自分の表現の仕方と比べることで，その独自性に気付くことができるようにする。
	6 7	**●賢治の他の作品に造語や独特な擬音語・擬態語，比喩表現がないか探してみましょう。**	・どれか一つの観点にしぼりながら探すことで，表現の効果について考えられるようにする。
三	8 9	**●「やまなし」と他の作品を比べて，わかった宮沢賢治の作品の表現の特徴を文章にまとめましょう。** 交流	・他の作品から類似する表現を抜き出しながら，特徴をまとめた文章を書く。 ・場合によっては，新聞などの形でもよい。

本時の展開例（第4時）

本時の目標　「やまなし」の擬音語・擬態語の特徴を捉えよう

T1では、第2時に確認した擬音語・擬態語を取り上げながら、その定義を学習者と一緒に考えていきます。この時、必要があれば、犬の鳴き声など身近なものを取り上げながら確認します。

T2では、**T3**の交流に向けて、**「『クラムボンは　かぷかぷ笑ったよ。』『三びきは、ぼかぼか流れていくやまなしの後を追いました。』は、自分であれば、どんな言葉を使いますか。また、「かぷかぷ」や「ぼかぼか」からどんな印象を受けますか」**という〈問い〉に個人で考え、意見をもてるようにします。

T3の交流では、言葉そのものから抱く印象から説明していきます。この活動は、感覚的な部分が大きいので、回答に幅が出るかもしれません。しかし、話し合うことで、共通性も見いだすことができるでしょうし、他の人の感覚を知ることで、自分の感覚を振り返ったり、広げたりすることもできるので、意味のある交流であるといえるでしょう。

T4では、本時の活動を通じて、「やまなし」における擬音語・擬態語の特徴を整理していきます。そうすることで、**「やまなし」の擬音語・擬態語の独自性というところから理解する**ことができるでしょう。そうすることで、「やまなし」についての解釈がより創造的になることが考えられますが、ここでは読書単元として設定しているため、三次での読書活動につながることを重視した流れになっています。

本時の流れ

	●主な発問〈問い〉　・学習活動	・留意点
T1	**●「やまなし」にはどんな擬音語・擬態語がありますか。** C：「かぷかぷ」。 C：「ぼかぼか」。	・はじめから擬音語・擬態語の定義をするのではなく，実際の例などを用いながら，捉えられるようにする。
T2	**●「クラムボンは かぷかぷ笑ったよ。」「三びきは，ぼかぼか流れていくやまなしの後を追いました。」は，自分であれば，どんな言葉を使いますか。また，「かぷかぷ」や「ぼかぼか」からどんな印象を受けますか。**	・自分が使う擬音語・擬態語と比べながら考えることで,「やまなし」における擬音語・擬態語の独自性を意識するとともに，創造的な解釈を引き出す。
T3	**●考えたこととその根拠を仲間と交流しましょう。** C：「かぷかぷ」よりも「にこにこ」を普通は使う。 C：「かぷかぷ」ってどんな感じだろうね。	・四人グループを基本とする。 ・他者と交流して新たに考えたことはメモしておく。 ・交流後，全体で共有する。
T4	**●「やまなし」における擬音語・擬態語の特徴を整理しましょう。** C：普通は使わないようなものが使われている。	・「やまなし」における擬音語・擬態語が，独自性の強いものだと気付くことで，宮沢賢治の他の作品も調べてみようという意欲につなげる。

教材研究の目
詩的表現

1

①表現の詩的な特徴

「川とノリオ」は、「散文詩」のようなスタイルの「詩的表現に満ちた作品」とされています（浜本２００１、103頁）。浜本（同前）は、その特徴を（一）文末（体言止め・「……」による空白化）、（二）擬音語・擬態語の多用（「とっきん、とっきん」「キラリ、キラリ」）、（三）繰り返しとリズム（「においをかいだ」、や季節の変化の繰り返し）、（四）色調（「銀色→黒→うす青→まぶしい日の光」の変化）、（五）客観的な描写（「人物の心情を説明したり作者の感慨を語ったり」せず、描写に徹する）の五つにまとめています。

（二）擬音語・擬態語について見てみましょう。「とっきんとっきん」と鳴る母ちゃんの胸は、ノリオの感覚を通した母ちゃんの心境を同時に表しています。この両面について、様々な胸の高鳴りの表現と比べながらこの表現を読み解くことができるはずです。また、「キラリ、キラリ」という「遠くなる光の点」はノリオの視点を基本的にとっていますが、後続する「父ちゃんのたばこのけむりのような」という喩えが幼小のノリオというよりも語り手の視点をとっているようにも読むことができます。「光の点」までの距離や大きさ、喩えるならどのような光なのかを問いかけながら「キラリ、キラリ」を読み解くことが可能です。

（四）色調については、「早春」は「銀色の芽」であり、「八月六日」は「黒いきれを垂らした電灯の下」、「また、八月の六日」は「ノリオの世界はうす青かった。」とあり、次の場面では「まぶしい日の光」とあります。「ノリオの七年の生」をこうした色調の変化から読むことができます（浜本２００１、104―105頁）。

（五）客観的な描写については、「川とノリオ」は、「人物の心情を説明したり、作者の感慨を語ったりしない」という特徴があります。ノリオが自分の気持ちを話すことはなく、母が広島の原爆により死んだことをじいちゃんに聞かされた時も「じいちゃんもノリオも何も言えなかった」とあり、会話も極めて少ないのです。「詩的表現であることと描写に徹することとによって、さまざまな読者の作品世界への参入を可能にした」（同、105頁）技法であるといえます。千田（１９９６）は「ノリオ、あるいは他の作中人物の意識がほとんど語られていないこと」によりノリオの行動や動作、感覚が強調されるとしています（同、211頁）。

②川の擬人化

また、神谷（２００１）は、詩的表現に関わって、「おいで、」「おいでよ」と川がノリオへ呼びかけるという擬人化の表現について考察しています。この表現は「川が子どもを誘惑して川に引き込み子どもを流してしまうという悪意が感じられ」るとしつつ、「川が人間に呼びかけるというのは、この作者の特徴であるメルヘンの形態であることは確か」とも指摘します（同、100頁）。その呼びかけは、表面的にはノリオを遊びに誘うようにも聞こえます。実際、「白い波をたてて、やさしくノリオに呼びかける。」のです。しかし、その呼びかけに応じてノリオは何度も溺れかけます。偶然に溺れかけたとする読みも出てくるかもしれませんが、それが繰り返されること、ノリオが無意識に川に入っていくところから偶然とは言い切れないといえます。また、「悪意」を読んだとして、どのようにそのことを解釈するかは学習者にとっても難しいところでしょう。「悠久に流れる川を時には擬人化させて、戦争を起こしてしまう人間のおろかな営みを相対化させてしまうところにある」（同、100頁）との解釈が可能ですが、同時に「子供が記憶を持つ以前の川とのかかわりを部分的にメルヘンを導入することによって戦争を後代の子供に伝えようとしている」（同、100—101頁）と論じています。この呼びかける声がどのような声なのか、誰に聞こえているのかが読みを形作るうえで大切になります。

教材研究の目

語り

2

①語りの特徴

神谷（2001）は、登場人物を俯瞰するような形でストーリーが映像的に展開する点で、「川とノリオ」の語りは、伝統的な民話（童話）のスタイルで語られているとしています。この神谷の論に基づいて、語りの特徴と読みのポイントを見ていきましょう。語られるノリオは、赤ん坊から幼児期への時間を過ごし、母は表現手段をもたないから、作者が登場人物を俯瞰するような形でストーリーが展開されていきます。作品の始まりから「また早春」までの、ノリオが二歳までの語りは、これ以外の方法では表現できません。そして、二歳までのノリオの行動を身近で見ているのは母であり、語り手は母の視点を代弁しているように感じます（同、98—99頁）。語り手が幼児期のノリオの視点をどのようにとっているかを表現に即して問いかけながら、学習者が語りの特徴を意識できるようにしていきたいところです。

また、神谷は語りにおける五感を論じています。「夏」では、「空襲のサイレンで穴倉に入ったノリオが母に抱かれ、胸の動悸を聴覚で認識」しており、防空壕から出たところでは、「キラリ、キラリ、遠くなる光の点。」というように視覚がはたらいています。また、ノリオが母にお仕置きをされるところでは母の手の感触があります。そして、「おぼんの夜」では新しい盆提灯を見ること、じいちゃんがきせるをみがく姿、「たばこくさいじいちゃん」のように、視覚や嗅覚がはたらいているとしています。さらに、川の描写には視覚と聴覚がはたらいているところが多くあるとしています（同、99頁）。こうした五感を通した表現について、「戦争が終わってからのノリオの描写には、…（中略）…ノリオの成長を裏づけるはたらき」があるとしています（同前）。

このような五感を伴う語りは、語りの視点を意識して読むうえで重要になります。特に、母の視点を代弁している語りには、ノリオの視点との重なりが認められます。例えば、「ぬれたような母ちゃんの黒目に映って、赤とんぼがすいすい飛んでいった。川の上をどこまでも飛んでいった。」では、母ちゃんの黒目に映っているものが見えるほどに近い距離でその顔を見ているノリオの視点をとっており、「川の上をどこまでも飛んでいった。」は、母ちゃんの目に映っている光景でもあり、その近傍からノリオが見ている光景ととることもできます。こうした重なりをどちらの視点で読むかによって、描写の読みに違いが生じてくるでしょう。同様に、「キラリ、キラリ、遠くなる光の点。」についても母ちゃんに抱かれたノリオの見た光景でもあり、ノリオを抱く母がその光景を見ていたともとれるでしょう。どの視点からの光景ととるかによって、読みに違いが生じてくるはずです。千田（1996、212頁）は、作中の人物の意識が語られないことで、「そこに安易な「物語」が介入してくる事態を回避しえている」とし、ノリオの身体感覚が読みにおいて前景化されるとしています。

②間接的体験の語り

また、神谷は「川とノリオ」は基本的にノリオの成長に沿って展開していくとしながら、「じいちゃんがノリオの母を探して広島の夜を歩き続け、多くの死体や母を探す子供の声の描写の場面だけはノリオがじいちゃんから聞いた間接的体験として書かれている」ことを指摘しています（同、99―100頁）。「死骸から出るりんの火が、幾晩も青く燃えていたという。」のような、「という」という語りです。こうした語りについては、間接的体験としてしか戦争を聞けない読者にとって共感的な語りであること、間接的体験としてノリオがそのことを聞いてきたとすることでその成長を感じることができ、それは読者が戦争を伝え聞くことに重なることを挙げています。間接的体験の語りは「ヒロシマへ出かけていったという。」にもあり、なぜそこが間接的なのかを問うことで、語りの特徴を意識した読みにつながるといえます。

教材研究の目 人物設定 3

「川とノリオ」には主に次のような人物が登場します。

・ノリオ……主人公。赤児～小学二年生ごろまで。
・ノリオの母……ノリオを育てている最中、広島での空襲に遭い亡くなる。
・ノリオの父……出征し、戦地にて亡くなる。
・ノリオのじいちゃん……ノリオの育ての親。

これらの登場人物に加えて、「川」がノリオの成長にとって重要な存在として描かれています。

物語は、「早春」「また早春」「夏」「八月六日」「おぼんの夜（八月十五日）」「また秋」「冬」「また、八月六日が来る」という場面ごとに題名が付けられ、時系列で見てとることができる構成になっています。その中で、ノリオが感じたことやその様子、成長していく様が、何も変わらない川の流れと対照的な描写で描かれています。

この物語の語りについては、「ノリオの視点が中心になっているが幼児のノリオは一般的には四歳ぐらいまでは記憶がないわけだから、この作品の視点は原爆で死ぬまでの母の側にあると考えられる」（神谷2001、89—90頁）とされており、よってノリオにとって父と母の存在は明確なものではありません。「早春」において、ノリオは母のはんてんの中で、川や土のにおい（春のにおい）を嗅ぎ、川を認識していきます。そして、父が出征していきます。父の描写は、この出征の場面の「父ちゃんのかたいてのひらが、いっときもおしいというように、ノリオの小さい足をさすっていたっけ。」しかありません。この描写は、母の視点をとっており、ノリオはまだ幼いことから父の記憶はほとんどないと読めます（同、91―92頁）。母については、「はんてんの中」で母の背中を感じてはいますが、他には「ぬれたような母ちゃんの黒目に映って、赤とんぼがすいすい飛んでいった。」をノリオ視点と見るとすればそのくらいしかノリオにとっての母の記憶はないことになります。

「また早春」では、川の流れを見ているノリオが川からの誘いを受け、身につけた物をどんどん流し、最後には自分も流されそうになります。その姿を母は見つけ、お仕置き（お尻を叩く）をします。「だれかの手がノリオの体をひっとらえ」はノリオが感覚の主体ですが、「だれか」とあり母として認識していません。また、「母ちゃんは「ハイキュウ」に呼ばれていった。」も「ハイキュウ」の意味は不明のままです。

「夏」「八月六日」「おぼんの夜（八月十五日）」では、戦争の描写が描かれ場面が一変します。この場面では母の存在がノリオの感覚を通して鮮明に描かれています。「ふとおしつけた母ちゃんの胸が、とっきんとっきん、鳴っていた」とあり、母の鼓動がノリオの触覚と聴覚を通して描かれています。そして、八月六日に母は姿を見せず、じいちゃんがノリオを育てるようになります。じいちゃんについては、「ぎゅっとゆがむ。」「ひざにしずくが落ちる。」「節くれだった手が、ぶるぶるふるえて、まきを入れる。」のようにノリオの視点をとった描写が見られます。ノリオの視点からは父と母の記憶は確かではなく、じいちゃんについては少し明確となり、ノリオに母の死を告げるじいちゃんの存在はさらに強く感じられてきます。

対照的に、ノリオの視点から川の存在は五感を通して繰り返し描かれています。いつまでも変わらずに流れ続けるところから、ノリオとの対比の関係も考えることができます。神谷はこの作品について「人間世界を相対化する方法として川＝自然の観点を導入する」としています（同、101頁）。

教材研究の目 4 題名

①川の象徴性

神谷（2001）は、「川とノリオ」において、象徴となっているものは「川」であるとしています。「川とノリオ」は、「幼児のノリオは一般的には四歳ぐらいまでは記憶がない」（同、89―90頁）という設定ではあるものの、冒頭で「春にも夏にも、冬の日にも、ノリオはこの川の声を聞いた。」とあるように、物語の全体に渡ってノリオの五感を通した川の描写が繰り返し出てきます。しかもその川は「人間をみつめる無機的な「川」を背景においているところ」（同、90頁）に独創性があることを述べています。この川がノリオにとってどのような存在なのかを読むことは、重要な点となります。

川の具体的な様子については、冒頭に「川底に、茶わんのかけらなどしずめたまま。」とあり、「早春」では「川っぷちの若いやなぎには、銀色の芽がもう大きかった。」「赤んぼのノリオのよごれ物を洗う」とあるように、おそらくは水道がない時代に自然の中を流れる生活を支える用水であることがわかります。母に背負われて日常的にノリオが川に接していたのは当然ですが、「川の声を聞いた。」「あったかい母ちゃんの背中の中で、ノリオは川のにおいをかいだ。」のように、川は単なる生活の風景の一部に留まるのではなく、ノリオの五感を通して特別な存在として印象付けられています。神谷はここから、「ノリオが生まれて最初に接した外界としての自然が川であったということである。動物界でいうすりこみ、すなわち最初に見たものを親だと思う習性をあてはめてみると、家の中にいるときは母を見ているとしても、外に出るときは背負われているから母の顔は見えず、川だけが目に入る。ということはノリオにとって川は第二の母のような役割をもっている」（同、

90頁）としています。

②川をどう読むか

ただ、この「第二の母」をどのように捉えるかは難しいところです。神谷は「川」がノリオに呼びかけてくるところに独創性があるとしています。まず、「おいで、おいで。つかまえてごらん。私は、だあれにもつかまらないよ。」というような呼びかけが二度出てきます。「ノリオが川に親しみを持っていることは確か」として、ノリオは下駄を川に流してみたり、笑いながら川に入っていったりしますが、その途端、「今まで笑っていた川が笑いをやめてノリオを取りまく」のです（同、92頁）。そして、ノリオは繰り返し川から母に引き戻され、「川と、ノリオと、母ちゃんの、こんなひと続きの「追いかけっこ」」は続くのです。ここには、温かく見守る保護者としての「母のような」川の姿はありません。川は幾度となくノリオを死の淵へ誘い、そこから「母ちゃん」が引き戻しているのです。このように川と母を対比的に見ると、母のいる側とは異なるもう一方の側を「川」が象徴していると見ることができます。浜本（２００１）は、授業の中で学習者が「「ノリオに好意的な」川の側面」を読み取る傾向が見られるとしていますが、あくまでもそれは一つの解釈であるといえます。

ただ、そうした川の呼びかけはいつまでも続くわけではありません、「また早春」までは川は声となってノリオに呼びかけてきますが、「夏」では「川の音だけがはっきりと聞こえていた。」となっており、「また秋」では「じいちゃんが、う、うっと、きせるをかんだ。」ところでは「川が、さらさらと歌っていた。」となっています。そして「また、八月六日が来る」では、本来の自然の姿を見せています。こうした変化を川に向けられたノリオのまなざしと結びつけて読む場合、それはノリオ自身の変化として読むことになります。時代が変化しようとも、川の流れは変わることなく、休むことなく、同じように流れ続けます。川の声や川の描写をノリオの視点に引き寄せてその変化を問うことが、作品の主題をどのように読むかという課題につながっていきます。

教材研究を活かした単元計画と発問・交流プラン

1

心に残った場面を朗読しよう

POINT

「題名の付け方」に着目して朗読する

「川とノリオ」は冒頭と終末に「川」が描かれています。その間にノリオの暮らしが描かれています。変わらない「川の流れ」と変転する「ノリオの暮らし」とが対照的に描かれており、読み手にはノリオの生活状況の激変が強調されて象徴されるように感じられます。その流れていく時間の流れの中で、全ての状況が変化していったノリオと何も変わらない川の流れの関係を深く読み、「題名の付け方」に着目した読みの力を付けていくことをねらいとします。

一次では、「川とノリオ」に出会う前に、これまで学習してきた戦争の話の振り返りを行い、戦時中の状況や様子について共通認識を深めます。そして、本単元の教材文は戦争の話であることや、その話を朗読して聞いてもらうというめあてを設定します。

二次では、「ノリオと川はどのような関係なのか」という〈問い〉について交流したうえで、題名に込められている象徴性を捉えていきます。その後は、作品全体を通して心に残っている場面や箇所を交流し、教材文の朗読の仕方を捉えていきます。三次では、朗読を行うという言語活動を設定しました。作品を四つの場面で分け、その中から学習者が選び、朗読を行います。本プランでは、**「心に残っている場面」「題名の付け方について思うこと」**としました。これは、読む活動と紹介する言語活動のつながりがあるように配慮しています。

単元計画

次	時	●主な発問〈問い〉 ・学習活動	・留意点
一	1	**●今まで学習してきた戦争の物語を紹介します。その時の様子などを想像しながら聞いてください。** ・学習内容を確かめ，めあてをもつ。 ・心に残った場面の朗読というめあてをもつ。	・既習の戦争の話を紹介し，作品の当時の状況を共通理解できるようにする。 ・朗読とは何かを伝え，めあてを意識できるようにする。
	2	**●「川とノリオ」を読んで感じたことを書いてみましょう。** ・初発の感想を書く。	・初発の感想を書き，終末の感じ方との違いを感じることができるようにする。
二	3	**●いつ，どんなことが起こったのか，表に整理をしましょう。** ・場面ごとに川がノリオに対してどのような様子であったのかまとめる。	・作品全体の流れを理解できるようにする。ノリオ自身は変化してきているが，川は何も変わっていないことに気付けるようにする。
	4	**●早春や夏などの項立ごとにどのようなことが起こったのかを仲間と交流しましょう。交流**	・交流を通して新たな考えが生まれた場合は，さらに書き込むようにしていく。
	5	**●川はどのような様子でしたか。** **●川とノリオはどのような関係だと思いますか。交流** ・川とノリオはどのような関係なのかを叙述を根拠として考える。	・最初と話が進むにつれての川の様子に着目して考え，川の様子とノリオとの対比に気付けるようにする。
三	6	**●この物語は，なぜ「川とノリオ」という題名だと思いますか。** ・「心に残っている場面」「題名の付け方について思うこと」をまとめる。	・川とノリオが対比の関係であることに着目し，「題名の付け方について思うこと」をまとめる。
	7	**●あなたが最も心に残っている場面はどこですか。またそれはなぜですか。** ・場面を選び，朗読の練習を行う。	・第5時でわかった川とノリオの関係から心に残った場面を選ぶ。
	8	**●心に残った場面を仲間同士で朗読し合い，感想を伝え合いましょう。交流** ・心に残った場面を朗読する。	・場面を選んだ理由に気を付けながら朗読をする。 ・一人一人が感じたことを自分なりに表現する。

本時の展開例（第5時）

本時の目標　川とノリオが対照的な関係になっていることを作品全体の流れから気付く

T1では、「ノリオ」が作品全体でどのように変わっていったのかを捉えることができるようにします。最初は、母親におぶわれて川の音を聞いていただけのノリオが成長していくにつれ、川と遊び、「小さい神様」となっていきます。そして、戦争が激しくなり、空襲によって母親を亡くします。その事実を祖父から聞かされ現実を受け止めることができるようになっていきます。このような**成長の過程を捉えることができるように問いかけていきます**。

T2では、「川」の様子について問いかけます。変化していくノリオと比べて、場面の随所にノリオの視点で川が流れる描写があり、「川」は変わることなく流れ続けていきます。**変わることなく流れ続ける「川」の様子を、叙述から捉えていきます**。こうすることによって、T3の関係性を問いかけた時に、二つの対象を比べ、正反対の関係であることに気付けるようにしていきます。そして、反対の関係になっているということから、**「二つの関係にはどのような関係性がありそうですか」**という〈問い〉を投げかけます。二つの相対する関係性のものがあることや、その二つがどのように関わり合ってきたのかを叙述から見つけていくことで、対照的な関係であることに気付いていけると考えます。T4では、自分の読みを仲間と交流していきます。そうすることで、**自分の読みと仲間の読みの共通点や相違点に気付き、読みを深めていく**ことができます。このことにより、川とノリオとが対照的な存在であることを捉えていくことを目指します。

本時の流れ

	●主な発問〈問い〉　・学習活動	・留意点
T1	**●話が進むにつれてノリオはどのように変わっていったでしょう。** C：二歳から小学生になった。 C：戦争のことやそれによって家族がいなくなったことがわかるようになった。	・それぞれの場面におけるノリオの様子に着目し，成長していったことに着目できるようにする。
T2	**●川はどのような様子でしたか。** C：ずっと変わらずに流れ続けている。 C：ノリオにずっと語りかけるように流れている。	・ノリオの生活が変わっていく中で川だけが変わりなく流れ続けていた叙述に着目する。 ・二つの対照的な様子が明らかになってきたところで〈問い〉を設定する。
T3	**●川とノリオはどのような関係だと思いますか。** C：ノリオは，川と一日中暮らしていることから，川が第二の母のような存在だと思う。 C：川は，「いっときも休まず流れ続ける。」とあり，変化するノリオと変わらない川という関係性だと思う。	・二つの関係性を明らかにしていくことで，作品全体の主題を捉えることができるようにする。
T4	**●川とノリオはどのような関係だと思いますか。自分の考えをグループで交流しましょう。** C：ノリオは，川と一日中暮らしていることから，川が第二の母のような存在だと思う。 C：川は，「いっときも休まず流れ続ける。」とあり，変化するノリオと変わらない川という関係性だと思う。	・仲間と交流して新たに見つけた根拠には色を変えて線を引かせる。 ・グループなどの少人数で交流後，全体でも共有する。 ・学習者の読みの内容だけでなく，着目した根拠を指摘する。

教材研究を活かした単元計画と発問・交流プラン 2

主題を捉え、仲間と語り合う座談会

〈問い〉を追求し、読みを深めていく

作者は、川を擬人化したり、色を巧みに用いたりして戦争による悲しみや苦しみ、平和への願いを描いています。そのことについて叙述を根拠として読み深め、この作品が伝えたいことは何かを自分の言葉で表現していくことで、読みの力を付けていくことをねらいとしています。

一次では、作品の全体像をつかみます。「川とノリオ」の読み聞かせを聞いて、疑問に思ったことや作者が強調している言葉を見つけるようにします。そして、作品の主題をつかみ、自分の感じたことを伝え合う座談会を行うことをめあてに設定します。

二次では、作品を、起承転結の四つの場面に分け、それぞれに場面における〈問い〉を設定します。その〈問い〉の解決のために叙述を基に読み深め、仲間との交流において読みを確かなものにしていきます。そして、作品全体を通して、作者が伝えたい主題は何かを捉えていくようにします。

三次では、自分が捉えた主題を基に、仲間との座談会を行います。捉えた主題を伝え合うことで、叙述を根拠とした考えを練り合わせることができ、読みを深めていくことができます。

本プランでは、**「〈問い〉の設定」「〈問い〉の解決から作品の主題を捉える」**に重点を置きました。主題を捉えることで、作品全体から読み深め、自分の考えを確かなものにしていくと考えています。

単元計画

次	時	●主な発問〈問い〉　・学習活動	・留意点
一	1	**●いつ，どのようなことが起こった話ですか。登場人物は誰ですか。** ・「川とノリオ」の読み聞かせを聞く。 ・いつ，何が起こった物語なのか，登場人物についての確認を行う。	・原爆が落とされた当時の話であることや，登場人物を確認し，人物同士の関係を明らかにし，話の大体をつかむようにする。
	2	**●「川とノリオ」を読んで感じたことを書いてみましょう。** ・初発の感想を書く。	・疑問に思った叙述の言葉や考えたいことなどを書き，〈問い〉の設定につなげる。
二	3	**●ノリオは，誰とどんな生活をしていたのですか。交流** ・「ノリオは，誰とどんな暮らしをしていたのか」について話し合う。	・母との暮らしを確認し，生まれた時から川がそばにいてくれていたことを共通理解できるようにする。
	4	**●どうして二歳のノリオが「小さい神様」なのでしょうか。交流** ・「ノリオが「小さい神様」と書かれているのはどうしてなのか」話し合う。	・何度も注意されてしまう幼さを母の視点からも考え，「神様」は最も大切な存在であることに気付く。
	5	**●どうしてノリオはじいちゃんの子になったのでしょうか。交流**	・ノリオの知らないところで母が死んだこと，新しい盆提灯が母の死を表すことに気付けるようにする。
三	6	**●ノリオはこれから川とどのような暮らしをしていくと思いますか。交流** ・「ノリオはこれから川とどのような暮らしをしていくのか」について話し合う。	・ノリオはこれからも川と暮らしながら生きていき，川は永遠に流れ続けていくという二つの関係性から考えるようにする。
	7	**●「川とノリオ」の主題は，何だと思いますか。自分の言葉でまとめてみましょう。**	・変わらない日常の「今」を生きる大切さなど全体を通して考えられるようにする。
	8	**●仲間同士で，自分が捉えた「川とノリオ」の主題について語り合いましょう。交流** ・主題について座談会をする。	・捉えた主題とその理由を仲間同士で伝え合い，川とノリオとの関わりから主題を考えられるようにする。

本時の展開例（第4時）

本時の目標　ノリオが「小さい神様」だと表現されている理由を読むことができる

T1では、二歳のノリオが川でどのように過ごしていたのかを問いかけます。前時では、母親におぶわれて川の音を聞いているだけのノリオが二歳になり、無邪気に川で遊ぶ様子や母親に何度も注意されながらも、自分の持ち物を川に流してしまう様子を捉えるようにしてノリオのイメージを確かにします。そして、**ノリオを「小さい神様」と表現しているところに着目し、「神様とはどういう意味かな」などと補助的に問いかけます。**すると、「特別な扱いを受けている」「母親にとっての生きがい」といった、ノリオに着目した意見が出てくることが予想されます。そこで、本時の〈問い〉を投げかけます。

T2では、神様＝ノリオである根拠を問いかけます。神様という言葉の意味とノリオの行動を重ね合わせながら、**ノリオを「小さい神様」と表現しているのはなぜなのか**を考えるようにします。ノリオの行動のどこが神様みたいに感じるところなのか、まず〈問い〉に対して一人で考えさせます。その際、当時の状況を考えたり、母親に何度叱られても同じことを繰り返したりする様子に着目し、神様と言われる所以を捉えるようにしていきます。T3の交流の際、仲間の読みを聞き、自分に足りなかった根拠を自分のノートに付け加えます。

学習者たちは、交流を通して、ノリオが幼さからくる幸せな状況にいることに気付いていきます。T4では、神様が母親にとってどれだけ重要な存在であるのかを捉えていくことで、**ノリオが幸せな小さい神様と表現されていることに気付く**ことを目指します。

本時の流れ

	●主な発問〈問い〉　・学習活動	・留意点
T1	**●二歳のノリオは，川でどのように過ごしていましたか。** C：川で一日中遊んでいる。 C：母親に叱られても川に入ることをやめない。	・「おいで，おいで。」「つかまえてごらん。」といったテクストに着目し，川からの呼びかけに応えてずっと遊んでいるノリオを捉える。
T2	**●二歳のノリオが「小さい神様」と言われたのはなぜでしょうか。** C：戦争の状況もわからない，好きなことができるノリオだったから。 C：母親に叱られても川に入ることをやめない自由な様子だったから。	・神様って何だろうと問いかけ，本時で着目させたい〈問い〉を設定する。 ・神様という言葉の意味とノリオの行動とを比較させて考えるようにする。
T3	**●考えたこととその根拠を仲間と交流しましょう。** C：お母さんは「「ハイキュウ」に呼ばれて」とあり，忙しく働いているけれど，ノリオは好きなことをして遊んでいるから，「小さい神様」なんだと思う。 C：「おいで，おいで。」「つかまえてごらん。」と川の流れがそのように聞こえ，無邪気に入ってしまうから。	・仲間との交流で新たにわかったことは，自分のノートに付け加える。 ・グループなどの少人数で交流後，全体でも共有する。 ・母親の状況などノリオを取り巻く背景にも着目する。
T4	**●なぜ，神様という表現が用いられているのでしょうか。** C：苦しい戦争時代でも守られ好きなことができることを神様という言葉で表している。 C：ノリオを神様と表現したのは，神様は，母親にとって最も大切な存在で生き甲斐であると感じているからノリオをそのように表現した。	・神様という言葉の意味を基にして，母親にとってのノリオとはどのような存在なのかを考えるようにして，神様という表現の意味を考えるようにする。

教材研究の目

空所

1

①埋められない空所

「空所」は、読み手が補塡をし、物語に一貫性を与えるために必要な疑問です。「海の命」には、一貫性をもった読みに向けた補塡が困難な空所、「埋められない空所」があることが指摘されています。「一つの説明を試みると、他の空所の補塡の可能性と矛盾がひきおこされ、一貫性を保てない。通常は、空所の補塡をめぐる解釈が多様になったとしても、それぞれの解釈の一貫性を支える関連性がテクストの中から取り出せ、多様性がそれぞれ一貫性を保持して容認されるようになっており、それが文学テクストの特性と言ってもいいのであるが、「海の命」はそのような読みが成立しにくい」（松本２０１８、43頁）というものです。問題なのは、「太一はなぜ瀬の主を打たなかったのか」と「瀬の主にもりを打たなかったことを誰にも話さなかったのはなぜか」という空所です。「「もりを打たない」こと、「誰にも話さないこと」の空所を埋めようとすると、必ずその一貫性を突き崩す要素に出会ってしまい、一貫した読みを形成できない」（同、49頁）ことになります。

「太一はなぜ瀬の主を打たなかったのか」は、多くの教材分析ならびに授業実践においてこの作品の最も重要な空所とされてきており、また、答えを出すのが困難な〈問い〉とされています。この空所の補塡に関わっては、冨安（２０１１）が整理しているように「父の死」「瀬の主への感情」「父と与吉」「太一の夢」「瀬の主への呼びかけ」（同、51頁）といった要点について読みを明確にしていく必要があります。父や与吉じいさと太一の関係はどのようなものか（「登場人物」）、なぜ瀬にもぐり続けるのか、父がもりを突き刺したクエと太一が遭遇したクエは同じ魚か、村一番の漁師と一人前の漁師はどのように違うのか、海の命とは何なのか（「タイトル」）といった複数の空所をあわせて補填していく必要があります。そのうえで、冨安（同前）の整理するように太一が「瀬の主を「仇」として捉える視点を持っている／いない」から「「瀬の主は殺すべきではないこと」への気づき＝「海の命」への気づき」への転回があるとして、「太一は瀬の主にもりを打たなかったことを誰にも話さなかったのはなぜか」という空所をどのように埋めればよいのでしょうか。「聞かれることがないから」「自慢するようなことはないから」「一人前の漁師になれないということを隠すため」と読むと、「海の命」への気付きという展開の重要性が崩れてしまいます（松本２０１８、47頁）。また、「「海の命」を守るためには、クエにもりを打ってはいけないし、その存在を知られないようにするためには、誰にも話してはいけなかった」と読むと、「もぐり漁のできる人はもういないのだから、話しても太一が尊敬されこそすれ、クエに挑んだりする人は現れない」のように、テクストに根拠を求めた反論が可能となります（同、49頁）。

②無限の試み

これらの空所が埋められない理由は、「テクスト外のリソースに頼らざるを得ない」ことと、「空所の補填を行っていくと齟齬に陥る」ことにあります（同、49頁）。それゆえに、「このテクストには、飛躍や空所が多いにもかかわらず、「もちろん」という語り手の介在を含めて過剰な部分があり、それが読み手にとっては説明しがたい謎を増やすことにもなっている」（同、50頁）わけです。こうした「海の命」に「埋められない空所」があることについて、松本（２０１８）は「教材としての弱点」であるとしながらも、「弱点を超えてこの教材が教科書に生き続けているのは、空所の補填による一貫性のある読みの形成という試みが無限の試みであるということを教えてくれるものだからかもしれない」（同、50頁）としています。「海の命」の「埋められない空所」は、読者に「腑に落ちない感じ」を突き詰めるきっかけをもたらし、無限の試みとしての一貫性のある読みの学習にとって重要となります。

教材研究の目 2 語り

①明確に語らない語り手

「海の命」は、「透明で全知の語り手が物語を語る叙述形式」（山本2005、52頁）がとられています。こうした語りによって、主として太一の意識に寄り添いながら、出来事とそれに関わる登場人物の意識に沿って物語が展開していきます。しかし、この作品について多く論じられてきたように、太一の心の変化を読み解くための情報や太一の心情に関して語り手は明確に語っていません。例えば、漁師になるという太一の意思表明に対して、周囲の人たちはどのような反応を示したのでしょうか。一体、太一はどのような子ども時代を送ったのでしょう。父の死については「仲間の漁師」を介した情報があるのみで、太一が父の死について何を思ったのか、それをどう受け止めているのかは語られていません。父の亡き後、太一と母はどのように生きてきたのでしょうか。そして、中学校を卒業する年の夏までに何を思い、何を経験してきたのでしょうか。こうした事柄についても何も語られていません。語りの特徴として、「周囲との関係を語ろうとしないことに加えて、人間生活にかならず伴う現実的日常的側面に踏み込もうとしない傾向」（林2001、52頁）があるのです。

また、父が死んだ辺りの瀬にもぐるようになってからの場面では、太一の心理や知覚に寄り添った語りがとられているものの、何のためにもぐり続けるのか、なぜほほえむのか、瀬の主をなぜ打たなかったか等の行動については語られないという特徴もあります。そのため、「主人公の意識や行動が、物語の世界にとってどのような意味を持ちうるかという問題」（林2001、51頁）が読みにおいて生じてくるのです。

②読み手がもつ疑問

こうした語りの特徴から、読者にはテクストの全体にわたっていくつもの疑問が生じてきます。

・太一の父はどのようにして水中でこときれたのか。
・「村一番の漁師」「一人前の漁師」とは何か。それらはどのように違うのか。
・なぜ与吉じいさに弟子入りをしたのか。
・太一はなぜ父の死んだ海にもぐり続けるのか。
・太一の夢とは何なのか。
・太一はなぜクエをもりで打たなかったのか。
・太一はクエをもりで打たなかったことをなぜ生涯誰にも話さなかったのか。

多くの疑問が生じるということは、「読者による読みの可能性が比較的多様に開けている」ということであり、「何度も読み返して『飛躍』を埋めながら読者それぞれの読みを形成していく読み方を身に付けるための教材として、教材『海のいのち』の意義がありうる」（冨安2011、46頁）といえます。ところが、「教材研究の目1」で具体的に述べたように、この物語の語りでは太一の心の変化を読み解くための事柄が明確に語られていないため、多くの疑問に答えながら一貫性のある読みを形作るのが困難です。そのため、授業者は学習者が困難を抱えつつ一貫した読む行為に参加できるような〈問い〉の立て方や授業展開の組み立て方に難しさを感じることになります（昌子2005、213頁）。太一の成長や生き方を描いた物語という解釈の前提を保留して、この物語の語りの特徴を踏まえながら「瀬の主と対峙した瞬間にある太一の葛藤と選択を意味付けていくこと」「『海の命』が何を描いているのかを考えていくこと」（西田2018、118頁）が求められます。

教材研究の目

題名 3

西田（2018）は、子どもたちは「海の命」を「現実を切り取った物語」と受け取る傾向があり、「象徴としての言葉に気付くことや抽象的な視点をもつことが難しくなります」としています（西田2018、126頁）。それだけに、タイトルでもある「海の命」を象徴としての言葉として考えることが大切になります。西田（同前）は、「海の命」という言葉の使用について次のように述べています。

「海の命」という言葉は作品内で二度使用されます。①瀬の主と対峙した太一の想いとして、②終末における、太一の漁師としての仕事に対する語り手の言葉として、です。この2つの海の命という言葉は、同様に扱うことのできない言葉です。①は、太一が、瀬の主という自身の考え方を変える大きな1つの存在から、背後に広がる数多の命の総体として受け止めた言葉です。②は、瀬の主に限定したものではなく、海に生きる命、さらにはその環境へと広がりをもった言葉です。

①「大魚はこの海の命だと思えた。」

ここでの「海の命」とは何かを考えるにあたっては、「海のめぐみだからなあ。」という父の言葉との関連から推察することが可能です（林2001、51頁・西田2018、126頁）。この父の言葉は、太一にとっての父の記憶につながるものであり、それとの共通点や差異から読むことを促します。「海のめぐみだからなあ。」という父の言葉は、二メートルもある大物のクエをしとめた時に自慢気もなく発せられたものです。ここには、「大物をしとめても自慢するわけでもなく「不漁の日が十日間続いても」その態度は変わらない。獲物が取れなくても淡々として動じない」姿であり、「「海のめぐみ」によって生かされているという自然に対する敬虔な思いの現れ」（林2001、51頁）が読み取れます。瀬にもぐるようになった太一は、海中にあって瀬の主を単なる獲物ではない、海の生命の体現を見て取り、また自身もそうした生命の一部であることを感じ、子どものころに聞いた父の言葉の表す「自然に対する敬虔な思い」を自らの「海の命」という言葉で表しているとする読みが考えられます。

②「千びきに一ぴきしかとらないのだから、海の命は全く変わらない。」

ここでは、与吉の「千びきに一ぴきでいいんだ。千びきいるうち一ぴきをつれば、ずっとこの海で生きていけるよ。」という言葉が部分的に繰り返されています。したがって、与吉の言葉のメッセージと語り手による「海の命」の関係が問題となります。林（2001）はこの繰り返しについて、「物語の最後でも「千びきに一ぴきしかとらないのだから、海の命は全く変わらない。」と繰り返されて、この作品のメッセージを伝えるものとなっている」（同、54頁）と述べています。問題は、この「メッセージ」をどのように読むかということです。林（2001）は、与吉が実際は毎日二十匹釣っており、他の漁師も同じだけ釣る日が続いたら数千匹を釣ることになるため、「このことばは比喩である」としています。そして、「ずっとこの海で生きていけるよ。」という言葉が比喩としての合理性をもつのは、「その瀬を漁場としているのが与吉一人だった場合のみ」（林2001、54頁）ということになりますが、テクストにはそのことが明示されていないために「この比喩にこめられた戒めはいわば標語にとどまっている」と述べています。とはいえ、戒めとしての比喩は、語り手による「千びきに一ぴきしかとらないのだから、海の命は全く変わらない。」において繰り返され、瀬の主に対峙した後の太一が父と与吉と同じように「海の命」を継承しているとする読みへとつながっていきます。

教材研究の目

物語の構造 4

①既存の物語構造とのずれ

授業では「海の命」は登場人物の生き方と太一の成長を描いた物語として読まれることが多いようです。しかし、「対立的な人間関係」を通した「自己否定と自己実現の契機」は描かれておらず、「成長物語を成り立たせている本質的な要素がほとんど見当たらない」(林2001、49頁)ことが指摘されています。また、「神話や昔話で私たちが馴染んできた冒険譚をおのずと想起させるような、物語の枠組みが備わっている」のに、「主人公が海の主の巨魚と死闘することなく終わる」ことで「古代的な冒険譚の再生を予期した読者をまことにあっさりと裏切って顧みない」(同、46―47頁)点があります。既存の物語の構造に依拠できないという特徴を踏まえて、どのような点に焦点を当てて読むかを見定め、物語の構造を把握することが求められます。

②太一の葛藤の実質をどう読むか

船所(2008)は、「海の命」の場面構成について、「物語が時間の流れに即して叙述されていようとも、読む行為は、「なぜ」を契機にストーリー読みからプロット読みに切り換えて、人物、事物、出来事の関係構成を捉えることが求められているのであろう」(同、218頁)と述べています。特に、太一の心情変化にともなう葛藤をどう読むかが重要となります。

冨安(2011)は「太一の視点から形成される読みは、ひとまず次のような心情変化の流れを基底に持つことになる」としています(同、47頁)。

α　瀬の主に対する何らかの思い（父の死に対する何らかの思い）
β　瀬の主を殺さない／殺せない思い

この心情の変化の流れについて、「教室では太一の心情がαからβへと変化したことは（そして、そこに何らかの葛藤が存在したであろうことは）基底的な読みとして収束／共有されるはずである」（同前）と述べています。

問題は、この心情の変化における葛藤の実質をどのように読むかということです。この読みには、太一は父という人物をどのように思っていたのか、また、太一は父の死をどのように捉えていたのか、そして父と与吉にはどのような共通点あるいは差異があるのか、といった疑問に答えていく必要があります。しかし、その人物像は捉えにくいところがあり、その空白を埋める読みとしては、冨安（２０１１）が整理しているように、父は積極的に瀬の主と戦ったのか、それとも事故で亡くなったのか、また父と与吉には共通する思想があったのか、父は与吉に及ばないのか、といった読みの可能性が想定されます。そして、どのような物語として読むかについても、父を越える物語として読むのか、海との共存という思想の再認識と継承として読むのか、といった可能性が考えられます。

こうした人物像に関する読みの可能性を踏まえて、太一の葛藤の実質をどう読むかに焦点化した物語の構造の把握が重要となります。

教材研究の目

5 登場人物

①太一の父

父と与吉は、主人公の太一に影響を与える人物として描かれています。特に、物語の最後の場面で、なぜ太一は瀬の主をもりで打たないのかという空所の読みに関わって二人の人物は重要な役割を果たしています。しかし、二人の関係がどのようなものなのかは明確に語られていません。

太一の父は、「潮の流れが速くて、だれにももぐれない瀬に、たった一人でもぐっては、岩かげにひそむクエをついてきた。」とあるように、卓越した能力をもつもぐり漁師とされています。一方で、大物のクエをしとめても「海のめぐみだからなあ。」と口にし、不漁の日が続いても普段と変わらず平然としています。こうした父の描写について、林（２００１）は、「漁師の本能」をもちながらも「闘争的情熱」をもたない人物として描かれており、「漁師としての太一の父親をいったいどのように評すればよいだろうか」（同、51頁）としてその人物像が把握し難いことを指摘しています。また、父の死は仲間の漁師を介して伝えられる形をとっており、それがどのような死であったのか描かれていません。山本（２００５、52頁）はこのことについて、「父が正面から瀬の主に戦いを挑んで負けたのか、たまたまもりを突いた相手が瀬の主だっただけなのか、瀬の主により死に追いやられたのか、自分のミスによる死だったのか等は不明である」と述べています。父の死の捉え難さについて、冨安（２０１１）は「積極的に瀬の主と戦った父」「事故によって亡くなった父」という読みの可能性があるとしています。

②与吉じいさ

また、父との比較から太一に影響を与えた与吉じいさの人物像も捉え難いところがあります。父の死の後、「中学校を卒業する年の夏、太一は与吉じいさに弟子にしてくれるようたのみに行った。」とあります。しかし、なぜ太一が与吉に弟子入りしたのかは語られていません。

林（２００１、50頁）は、父と与吉の共通点について「父を継ぐという彼の自己実現の夢も、つまるところは共同体における異端をおのずから志向している」とし、「彼が押しかけ弟子になるのが「一本づり」漁師である「与吉」であるという設定も、それと無関係ではあるまい。それは滅び行く漁法ではないが共同性を必要としない孤独な漁法である」と述べ、「共同体における異端」としての「孤独な漁法」に共通点を見いだしています。また、冨安（２０１１、49頁）は、羽場（１９９８）の学習者の読みを参照して、「「千びきに一ぴきでいいんだ」という発言や、「魚を自由に遊ばせてやりたくなっとる」といった発言などは、太一の海に対する思想を形作っていく言葉として読みに組み込みやすい」とし、そこに「このような与吉の海への態度を、太一の父の「海のめぐみだからなあ」といった発言と似ているものとして読むことは十分に可能である」としています。また冨安（同前）は、対照的な読みとして、西辻（１９９９、138―139頁）の「海のめぐみだからなあ。」という言葉からは父の「海という大きな存在に身を任せている受け身な姿が見えてくる」「「千びきいるうち一ぴきをつる」これは、与吉の信念である」を参照しながら、「西辻は、受身的な父に対し、能動的な与吉という対比があることを指摘している。この場合、より強く太一の海への態度に影響を与えていくのは、与吉だという読みになる」としています。ここから、「[父―与吉]に共通する思想」と「与吉には及ばない父」という読みが生じる可能性を指摘しています。

父と与吉の人物像をどのように読むかという問題は、太一が瀬の主をもりで打たないという行動をなぜとったのかという点の読みに関係してきます（この点については、「教材研究の目４」で取り上げています）。

教材研究の目 6 直示性

①「ここ」が指し示す場所

直示性（ダイクシス）とは、〈いま・ここ・私〉を中心にして「発話場面との関連においてのみ理解が成立する言語表現の特質のひとつ」（瀬戸1995、105頁）です。直示性の一つに「コ・ソ・ア」など空間の対象を指し示す語があります。「海の命」には、「ここ」「この」といった話し手に近い対象を指し示すコ系の直示が多く用いられています。例えば、次のような場面で用いられています。

「おとう、ここにおられたのですか。また会いに来ますから。」

この場面は、太一はなぜ瀬の主をもりで打たなかったのか、という空所の補填に関して着目される部分です。この部分については、しばしば「おとう」という呼びかけの読みをめぐる議論がなされてきました。冨安（2011）は、「おとう」の呼びかけの読みについて整理を行っています。

一つは、【あえて「おとう」をみた】というものです（冨安2011、51頁）。これは、後に続く「こう思うことによって、太一は瀬の主を殺さないで済んだのだ。」との関連を考慮して、「瀬の主を殺したくなかった太一は、何らかの、殺さないですむ理由を見つけなければならなかった」（山本2005、57頁）のでそのように思ったという読みです。このような読みを行う場合、「太一が瀬の主を殺さなかった理由は、瀬の主がおとうにみえた、というところには求められず、与吉の言葉など、これまでの太一の心情に影響を与えてきたであろうものなどから考えられなければならない」（冨安2011、50頁）ことになります。

もう一つの読みは、【瀬の主に父をみた】というものです。「瀬の主の中に父をみたことは、父が海に帰ったことを、太一が感じたということなのではないか」という読みであり、冨安は向川（2003）を参照しながら、この場合には「さらに敷衍して、代々の漁師が宿っていく、という読みにまで拡大」（冨安2011、51頁）されるとしています。

この二つの読みでは、「ここにおられたのですか。」の「ここ」が指し示す場所の意味合いが異なってきます。前者は海の命を象徴する瀬の主に父を重ねることから「父の思想としての海」が前景化されます。一方、後者は「父が帰った海」、すなわち、代々の漁師と同じように父が帰っていった場所そのものに焦点化されます。いずれも、「ここ」という直示によって、太一の〈いま・ここ・私〉をどのように感じているのかを読むものです。「おとう」という呼びかけをどう読むかとあわせて考えてみることができるでしょう。

②与吉の言葉における直示

コ系の直示表現は、次のような与吉の言葉にも見られます。


「千びきに一ぴきでいいんだ。…（中略）…ずっとこの海で生きていけるよ。」

「自分では気づかないだろうが、…（中略）…太一、ここはお前の海だ。」


「教材研究の目3」で取り上げましたが、「この海」「ここはおまえの海だ」は、字義通りにとれば与吉にとっての漁場という具体的な場所を指し、そこに抽象的な意味を読み取るのであれば与吉の思想を反映した場所ということになってきます。「海の命」とはどのようなことかの読みに関連した観点になってきます。

教材研究を活かした単元計画と発問・交流プラン

1

太一にとっての海の命を考えよう

POINT

〈問い〉から場面のイメージを具体的に読む

教材の読みを通して「海の命」という言葉の象徴的な意味について考え、理解を深めることをねらいとした単元です。「教材研究の目3」で述べたように、子どもたちは「海の命」を「現実を切り取った物語」として読むところがあります。それだけに、物語における象徴性の理解が重要となります。場面に沿って**「「海の命」とはどのようなことなのか」**を人間関係に着目して読んでいきます。

一次では、タイトルから感じたことや考えたことを出し合い、父の「海のめぐみだからなあ。」という言葉と比較していきます。父の言う「海のめぐみ」とはどのようなことかという空所を読むために、語りや言葉が発せられた文脈を具体的にイメージすることが大切になります。

二次では、なぜ太一は与吉に弟子入りをしたのかを考え、一次での父親像の読みと関連付けながら、弟子入り当初の太一の考えがどんなものかについて交流します。そして、**与吉の言葉にはどのような思想があるのか、与吉から学びながら太一には変化があったのかどうか**を考えながら読んでいきます。

三次では、瀬の中の描写に着目しながら、**太一の海へのイメージがどのようなものか**を読んでいきます。そして「おとう、ここにおられたのですか。また会いに来ますから。」と「大魚はこの海の命だと思えた。」こととの関係を考えていきます。

単元計画

次	時	●主な発問〈問い〉 ・学習活動	・留意点
一	1	**●「海の命」（タイトル）から，感じたことや考えたことを発表しましょう。** ・登場人物や場面を確認して，学習の計画を立てる。	・現実世界の事柄ではなく，太一にとっての海を想像して読んでいくことを確認する。
	2	**●「海のめぐみ」とはどのようなことなのか考えましょう。** 交流 ・「おとう」にとっての海，太一にとっての父親像を言葉にする。	・人物関係を意識して考える。
	3	**●「夕方になっても帰らなかった」父に何があったのか想像して書いてみましょう。**	・普段通りの漁だったのか，特別な漁だったのかなど補助的な問いかけをする。
二	4	**●なぜ太一は与吉じいさに弟子入りを頼んだのでしょうか。** 交流 **●「千びきに一ぴきでいいんだ。」とはどのようなことなのか考えましょう。**	・与吉の漁の描写，二人の年齢差などに着目する。 ・与吉の海の考え方を捉える。
	5	**●「太一，ここはおまえの海だ。」とはどのようなことでしょうか。** 交流 ・「与吉じいさも海に帰っていった」とはどのようなことか書いてみる。	・父や与吉は「海の命」に入る／入らないのか。それぞれ「海の命」はどのように違うのか補助的に問う。
三	6	**●「母が毎日見ている海は，～自由な世界になっていた。」とはどのようなことか考えて発表しましょう。** 交流	・母と比べながら，海中の描写や比喩に着目して，太一にとっての海を考える。
	7	**●なぜ「永遠にここに～気さえした。」のでしょうか。** 交流 **●「おとう，ここにおられたのですか。」とはどのようなことでしょう。** 交流	・海中の「ここ」を太一はどのように感じたり、考えたりしているのか、その変化に焦点を当てる。
	8	**●「大魚はこの海の命だと思えた。」とはどのようなことでしょうか。** 交流 ・「海の命」とはどのようなことか、自分の読み方の変化を踏まえて書いてみよう。	・父や与吉の言葉を振り返りながら、太一にとっての海はどのようなものになったのか、その変化を意識して考える。

本時の展開例（第7時）

本時の目標　太一が海の命という思いを抱くまでの変化を想像する

T1では、前時に読んだ「自由な世界」としての海中の様子と比較しながら、これまで語られていなかった太一の「夢」について考えていきます。**「『夢』とはどんなことですか」**と問いかけることによって、本文にある「追い求めてきた瀬の主に出会うこと」に留まらず、太一が父と一緒に海に出ると言っていたこと、父が瀬の主にもりをつきさしてこときれたこと、与吉から教わった漁と関連付けながら、**太一がこれまで思ってきたこと**をどのように読むかを考えて出し合います。

T2では、瀬の主と思われるクエに遭遇した際の太一の意識を語りに沿って想像していきます。**これまでに出てきたクエの描写との比較、海中の様子、太一の行動などについてテクストの具体的な個所を根拠にして**読んでいきます。

T3では、瀬の主に向けた太一の呼びかけの表現を問うことで交流していきます。この〈問い〉には、なぜ太一は瀬の主をもりで打たなかったのかという〈問い〉が関係しています。しかし問われる空白を埋めるための根拠はテクストでは明確ではありません。ここでも**T1**、**T2**と同じように**前後の文脈や前の場面の読みと関連付けて**考えられるよう促すことが大切になります。**T4**では、この時間での読みと比べながら、前の場面から太一の思いがどのように変化したのかについて考えて書いていきます。このことにより、**太一の意識に沿って「海の命」の象徴的な意味を考えて捉えて**いきます。

本時の流れ

	●主な発問〈問い〉 ・学習活動	・留意点
T1	**●「夢」とはどんなことですか。** C：大物をしとめること。 C：父のかたきを打つこと。 C：父を破ったクエに出会うこと。	・クエの描写（目の色，大きさなど）に着目して，父がこときれた時にいたクエとの比較をする。
T2	**●「太一は永遠にここにいられるような気さえした。」とはどのようなことでしょうか。** C：どのようにクエを打てばよいかわからない。打つかどうか迷っている。 C：夢がかなったことに戸惑っている。 C：普段のもぐっていた時とは違う気配を感じている。	・「永遠」「ここにいられる」という表現に焦点化して問いかける。 ・太一がこれまで瀬にもぐってきた時とは異なる何かを感じ，その何かを子どもたちが意味付けられるよう促す。
T3	**●なぜ太一は「おとう，ここにおられたのですか。また会いに来ますから。」と思ったのでしょうか。** C：父と一緒に漁が続けられるから。 C：クエが海の命の代表のように思えたから。 C：父や与吉の言葉，二人が海と共に生きてきたことを理解したから。 C：父の帰った海，やがて自分も帰る海を感じたから。	・前後の文脈や場面との関連を踏まえて，〈問い〉に基づく交流ができるようにする。 ・最初に瀬の主と思われるクエを見た時との違いや変化を意識できるようにする。 ・前の場面における父や与吉の言葉と関連付けて考える。
T4	**●瀬の主に遭遇したこの場面，さらに前の場面との関連から太一の思いがどのように変化したのかについて書きましょう。** C：クエに復讐しようと思ってきたが，父や与吉がクエと共に海で生きていることを感じるようになった。 C：与吉から海と共に生きる漁の仕方を教わっていたが，自らの行動を通してその教えを理解できるようになった。	・瀬の主を打たないという行動をとった理由について，海中の描写では語られていないことを確認する。そのうえで，太一の思いの変化を自分なりに読む必要があることを確認する。 ・次時で「海の命」の意味を考えていけるようにする。

教材研究を活かした単元計画と発問・交流プラン

2 語りに着目して太一の心の動きを読もう

POINT 〈問い〉からの交流を重ねて探究的に読む

「教材研究の目1・2」で述べたように、この教材の中心的な空所である「なぜ太一は瀬の主を打たなかったのか」を埋めるためには、「瀬の主と対峙した瞬間にある太一の葛藤と選択を意味付けていくこと」が重要になります。このことを踏まえ、本単元では**語りの特徴を意識しつつ、〈問い〉に基づく交流を重ねながら太一の葛藤や迷いといった心の動きに焦点化した**学習展開をとります。

一次では、父の死までの場面の語りの特徴を理解していきます。そして**「太一にとって父親はどのような存在か」**という〈問い〉によって、太一の父親像の空白に焦点化して読みの交流を行います。

二次では、与吉の言葉に着目して、与吉の海についての思いを読んでいきます。そして、**「太一にとって与吉はどのような存在か」**を問います。さらに**太一にとって父と与吉はどのような存在か**を考えていきます。その際、父と与吉の思いは同じか／違うか、与吉から学んで太一は変化したのか、など補助的な〈問い〉を出しながら語られていること／いないことを確認しながら読んでいきます。

三次では、最初に太一の夢とは何かを問うことで、この〈問い〉に対する可能な読みを出していきます。この活動を通して、**父や与吉の教えを振り返りながら、瀬の主に対峙しながら打たなかった太一の心の動きを読む**ことができるようにします。

単元計画

次	時	●主な発問〈問い〉　・学習活動	・留意点
一	1	●**冒頭の文は誰が語っているのでしょう。** ・語りの特徴を意識して読んでいくことを確認する。	・語られている事柄の時間的な幅を意識する。 ・太一の人物像についてもあわせて考える。
	2	●**「海のめぐみだからなあ。」とはどのようなことでしょうか。** 交流 ●**太一にとって父親はどのような存在なのでしょうか。** 交流	・父のイメージ，父の死の理由についても問いかけ，その人物像に矛盾点はないか考えるよう促す。
二	3	●**「千びきに一ぴきでいいんだ。」とはどのようなことでしょうか。** 交流 ●**「おまえは村一番の漁師だよ。」とはどのようなことでしょうか。** 交流	・字義通り読むだけではわからないことを確認する。 ・与吉から太一に向けた言葉であることをおさえる。
	4	●**太一にとって与吉はどのような存在なのでしょうか。** 交流	・父と与吉を比較し，それぞれ太一にとってどのような存在なのかも考える。
三	5	●**太一の「夢」とはどのようなものだったのでしょうか。** 交流	・瀬の主への復讐か畏敬か，父を越えるのか継承するのか，など矛盾する心情を視野に入れ，太一の葛藤に焦点化していく。
	6	●**「本当の一人前の漁師」とはどのようなことでしょうか。** 交流 ・「村一番の漁師」が用いられている箇所を見つけ，違いを考える。	・「本当の一人前の漁師」と「村一番の漁師」を区別し，太一の立場や置かれた状況から〈問い〉を考えられるようにする。
	7	●**太一はなぜ瀬の主をもりで打たなかったのでしょうか。** 交流	・前後にある太一の思ったことにも着目する。
	8	●**「巨大なクエを岩の穴で見かけたのにもりを打たなかったこと」を太一はなぜ誰にも話さなかったのでしょうか。** 交流 ・自身の読みの変化をまとめて書く。	・どんなことを手がかりに考えていくか，本文を参照しながら考える。

本時の展開例（第7時）

本時の目標　交流を通して太一の葛藤からの変化を読む

T1では、前時の振り返りで、「本当の一人前の漁師」についてどのような読みが可能であるかを確認します。「本当の一人前の漁師」になることと、父や与吉の教えを比べながら考えます。

T2では、「この大魚は自分に殺されたがっているのだ」と太一がなぜ思ったのかを考えます。太一の一方的な思いなのか、物怖じしない大魚の姿からそう思っているのか、などと問いかけながら読んでいきます。

T3では「太一はなぜ瀬の主をもりで打たなかったのか」を問いかけ、もりを手に瀬の主に対峙していた太一が、突然に打つのをやめるという行動の変化にはたらく心情を読んでいきます。その場の感情による読みに終わるのではなく、**父や与吉から学んだことについての読みと関連付けて考えられるようにする**ことが求められます。

T4では、「おとう」と呼びかけたのはなぜかを問います。ここは瀬の主を打たないことについての**太一の心理が語り手によって直接に語られている**ものの、太一が何をどう見て思ったのかは空所となっています。瀬の主をおとうとみたのか、瀬の主の姿におとうの教えを悟ったのか、のようにもりを手に打とうとしていた時の**葛藤からの変化を考えながら読めるように促す**ことが大切になります。この〈問い〉を通して、「太一はなぜ瀬の主をもりで打たなかったのか」について自分の読みを書いていきます。

本時の流れ

	●主な発問〈問い〉　・学習活動	・留意点
T1	**●前時の〈問い〉：「本当の一人前の漁師」の読みを振り返る。** ・どうしてこの場面でそのことを思ったのか。	・瀬の主に対峙している場面を具体的に想起できるように促す。
T2	**●「この大魚は自分に殺されたがっているのだ」とはどのようなことでしょうか。** C：父のかたきとして自分に打たれてもよいと考えた。 C：海に生きて死ぬという姿を見てとったから。 C：父の言うように海のめぐみとして考えてよいと思ったから。	・太一の心理を語っている文であることを意識して読めるように促す。 ・T３の中心的な〈問い〉と対比的に考えらえるようにする。
T3	**●太一が瀬の主にもりを打たなかったのはなぜでしょうか。** C：瀬の主が海の代表に思えたから。 C：与吉に教えてもらったことが，むやみに命を奪わないことだったので，必要ないと思ったから。	・十分に時間をかけて交流を行い，〈問い〉に対する読みを言い表せるようにする。
T4	**●「おとう」と呼びかけたのはなぜでしょうか。** C：海に帰った父の姿を瀬の主にみたから。 C：瀬の主の姿に畏敬の念を抱き，父の考えていた海を感じ取ったから。 C：人間の利害ではなく生きることとして魚をとる漁師という父の思想を理解したから。 ・T３の〈問い〉に対する読みを書く。	・この〈問い〉から出てくる読みとT３の〈問い〉からの交流で出てきた読みを関連付けて考える。 ・「こう思うことによって」についても考える機会をもつ。

参考文献

小学5・6年物語教材を読み解く教材研究の目

・秋田喜代美（２００８）「文章の理解におけるメタ認知」三宮真智子編著『メタ認知　学習力を支える高次認知機能』北大路書房、97―１０９頁
・岩崎直哉（２０２０）「再読を促す問いの工夫「注文の多い料理店」の語りに着目して」『全国大学国語教育学会国語科教育研究　第１３９回２０２０年秋期大会（オンライン）研究発表要旨集』全国大学国語教育学会、１３３―１３６頁　及び当日配付資料
・小川高広（２０２０）「読みの発達における「語り手との対話」の位相―『モチモチの木』の「語り手を問う」と「作者を問う」を対照させて―」『国語科学習デザイン』第3巻第2号、国語科学習デザイン学会、42―52頁
・鈴木真樹（２０１９）「学習者が質の高い〈問い〉を作るための学習デザイン―『大造じいさんとガン』の授業を例にして―」『国語科学習デザイン』第２巻第2号、国語科学習デザイン学会、44―54頁
・鈴木真樹（２０２２）「自己の〈問い〉と集団の〈問い〉の相互作用に関する考察　自己の〈問い〉の追究を核とした学習を通して」『全国大学国語教育学会国語科教育研究　第１４２回東京大会（オンライン）研究発表要旨集』全国大学国語教育学会、61―64頁　及び当日配付資料
・住田勝（２０１５）「読書能力の発達」山元隆春編『読書教育を学ぶ人のために』世界思想社、１８３―２１４頁
・田近洵一（２０１２）「創造の〈読み〉―相対主義を乗り越えて、文学の〈読み〉を取り戻すために―」『日本文学』61巻8号、日本文学協会、2―15頁
・寺島元子（２０１８）「『ごんぎつね』における象徴表現の問い」『国語科学習デザイン』第1巻第1号、国語科学習デザイン学会、10―20頁
・中野登志美（２０１２）「山田詠美「ひよこの眼」における教材性の検討―「私」の〈語り〉から読みとられる二重の批評性―」『国語科教育』第71集、全国大学国語教育学会、27―34頁
・松本修（２００６）『文学の読みと交流のナラトロジー』東洋館出版社
・松本修（２０１０）「「空所」概念と読みの交流」『Groupe Bricolage 紀要』№28、Groupe Bricolage、1―9頁
・松本修（２０１５）『読みの交流と言語活動　国語科学習デザインと実践』玉川大学出版部
・松本修（２０１８）「埋められない空所：「海の命」の語りと読み」『国語科学習デザイン』第2巻第1号、国語科学習デザイン学会、42―51頁
・松本修（２０２２）「読むことの教材論に関する研究の成果と展望」全国大学国語教育学会編『国語科教育学研究の成果と展望Ⅲ』渓水社、１８５―１９２頁
・松本修・西田太郎編著（２０１８）『その問いは、物語の授業をデザインする』学校図書（※①）
・山元隆春（１９９４）「読みの「方略」に関する基礎論の検討」『広島大学学校教育学部紀要』第一部』第16巻、29―40頁
・山元隆春（２００５）『文学教育基礎論の構築―読者反応を核としたリテラシー実践に向けて―』渓水社
・山元隆春（２０１４）『読者反応を核とした「読解力」育成の足場づくり』渓水社
・吉田新一郎（２０１７）『増補版「読む力」はこうしてつける』新評論
・ヴォルフガング・イーザー／轡田収訳（１９９８）『行為としての読書』岩波書店

注文の多い料理店

・須貝千里（１９９８）「その時ふとうしろを見ますと……：「注文の多い料理店」問題」『日本文学』47巻8号、日本文学協会、12―24頁
・鈴木亜季子・昌子佳広（２０１６）「ファンタジー童話における「幻想体験」の意味―宮沢賢治『注文の多い料理店』を中心に―」『茨城大学教育学部紀要（人文・社会科学、芸術）』65号、茨城大学教育学部、39―59頁
・鈴木綾花（２０１８）「5年「注文の多い料理店」」（※同前①）、88―97頁
・住田勝（２０１５）「読書能力の発達」山元隆春編『読書教育を学ぶ人のために』世界思想社、１８３―２１４頁
・府川源一郎（２００１）「教材としての面白さの源泉を探る―『注文の多料理店』（宮沢賢治）の世界―」田中実・須貝千里編『文学の力×教材の力小学校編　5年』教育出版（※②）、１０７―１２３頁
・田近洵一（１９７７）「童話「注文の多い料理店」研究」『日本文学』26巻7号、日本文学協会、19―26頁
・松元季久代（２００１）「「ねだんのない料理店」の原風景―宮沢賢治『注文の多い料理店』、貨幣なき鏡像―」（※同前②）、92―１０６頁
・田守育啓（２０１０）『賢治オノマトペの謎を解く』大修館書店

カレーライス

・幾田伸司（２０１１）「語られなかった状況を読むことの可能性―物語テクストにおける登場人物の「不在」に着目して―」『国語科教育』第70集、全国大学国語教育学会、28―35頁
・勝倉壽一（２０１１）「「カレーライス」（光村図書、六年）の読み」『解釈』57（5・6）、解釈学会、29―36頁
・佐々木淳志（２００９）「「カレーライス」の教材としての価値―人物像の分析を通して―」『愛知教育大学大学院国語研究』第17号、愛知教育大学大学院国語教育専攻、75―82頁
・松本修・西田太郎（２０１８）「「おにたのぼうし」における空所と語り」『国語科学習デザイン』第1巻第1号、国語科学習デザイン学会、2―9頁
・『小学校国語　学習指導書5　銀河上』光村図書（２０２０）、１９２―２０４頁

雪わたり

・石川則夫（２００１）「共振と共食―宮沢賢治『雪わたり』の歌声」（※同前②）、48―62頁
・牛山恵（２００１）「異界との交歓の物語―童話『雪わたり』の世界」（※同前②）、63―79頁
・田近洵一（１９９３）『読み手を育てる』明治図書出版
・成家雅史（２０１６）「「学習感想」をもとに積み上げる読むことの学習―小学校5年生「雪わたり」の実践を例に―」『全国大学国語教育学会研究第１３０回新潟大会研究発表要旨集』全国大学国語教育学会、３５５―３５６頁

世界でいちばんやかましい音

・杉川千草（２０１７）「物語を読む新たな楽しさを味わう国語科の学習～第4学年「世界でいちばんやかましい音」の実践を通して～」『広島大学附属三原学校園研究紀要』第7集、53―60頁
・松本修・西田太郎（２０２０）『小学校国語科〈問い〉づくりと読みの交流の学習デザイン』明治図書出版

大造じいさんとガン

・奥村勉（２０２２）「小学校教材「大造じいさんとがん」考―情景描写の検討―」『国語論集』第19号、１３４―１４５頁
・上月康弘（２０２２）「「大造じいさんとがん」における構造上の問題：〈問い〉の再考と学習デザイン」『国語科学習デザイン』第5巻第2号、国語科学習デザイン学会、９―18頁
・関口安義（１９８６）『国語教育と読者論』明治図書出版
・田中実（１９９６）「教材価値論を求めて：『大造爺さんと雁』から」『日本文学』45巻4号、日本文学協会、26―41頁
・鶴田清司（１９９７）『「大造じいさんとガン」の〈解釈〉と〈分析〉』明治図書出版
・西原千博（２００２）「文学教材と文学研究（2）：椋鳩十「大造じいさんとガン」」『札幌国語研究』第7号、北海道教育大学札幌校国語国文学科、21―40頁
・藤森裕治（２００９）「「大造じいさんとガン」における「語り」と「視点」」『信大国語教育』第19号、信州大学国語教育学会、１―９頁
・松本修・西田太郎（２０１８）（※同前①）
・松本修・西田太郎（２０２０）『小学校国語科〈問い〉づくりと読みの交流の学習デザイン』明治図書出版
・山本茂喜（１９９６）「『大造爺さんと雁』における語りの機能」『香川大学国文研究』第21号、香川大学国文学会、１０３―１１２頁
・吉田茂樹（２０１８）「「言葉による見方・考え方」を働かせて「正確に理解」する方法の考察―『大造じいさんとがん』の解釈を表現に即して再考する試みを中心に―」『語文と教育』第32号、鳴門大学国語教育学会、11―21頁

帰り道

・大森荘蔵（１９９９）『大森荘蔵著作集 第五巻 流れとよどみ』岩波書店
・佐藤綾花（２０２１）「二つの視点から読む物語の読み方・楽しみ方」『教育科学国語教育２０２１年8月号』№８６０、明治図書出版、56―59頁
・佐藤多佳子（２０２０）「３　語り手・語り」松本修・桃原千英子編著『中学校・高等学校国語科　その問いは、文学の授業をデザインする』明治図書出版、１３６―１３９頁
・仁野平智明（２０１３）「一人称小説の教材性―『故郷』を具体例として―」『沖縄国際大学日本語日本文学研究』、18巻第1号、沖縄国際大学日本語日本文学会、１―20頁
・松本修（２０２２）「情景描写を〈読む〉ことの意味」『国語科学習デザイン』第5巻第2号、国語科学習デザイン学会、１―８頁
・『小学校国語　学習指導書６　創造上』光村図書、50―65頁（２０２０）

きつねの窓

・上田渡（２００１）「語りの現前性と「人情の絶対化」――『きつねの窓』」田中実・須貝千里編『文学の力×教材の力　小学校編　６年』教育出版（※③）、１２５頁
・大宅由美（１９８７）「安房直子とその世界」『日本文學誌要』第37巻、法政大学国文学会、89―１０６頁
・佐藤麻野（２０１６）「文学における語りと象徴にかかわる〈問い〉」『臨床教科教育学会誌』第16巻1号、臨床教科教育学会、19―27頁
・寺田守（２０１１）「きつねの窓（安房直子）」寺田守編著『文学教材の解釈―電子版』京都教育大学国語教育研究会、37―44頁
・中野登志美（２０１９）「安房直子『初雪のふる日』の教材研究：宮沢賢治『水仙月の四日』の比べ読みから生まれる読みの有用性」『論叢 国語教育学』第15号、広島大学大学院教育学研究科国語文化教育学講座、43―53頁
・仁野平智明（２０１３）「一人称小説の教材性：『故郷』を具体例として」『沖縄国際大学日本語日本文学研究』第18巻第1号、沖縄国際大学日本語日本文学会、１―20頁
・橋本則子（２０１４）「きつねの窓 小さな窓から見えるもの」田近洵一・木下ひさし・笠井正信・中村龍一・牛山恵編／ことばと教育の会著『文学の教材研究―〈読み〉のおもしろさを掘り起こす』教育出版、１６６―１８１頁
・松本修（２０１４）「「きつねの窓」における語りの構造と教材的価値」『Groupe Bricolage 紀要』№32、Groupe Bricolage、12―18頁
・山本茂喜（１９９５）「「きつねの窓」（安房直子）における「空所」の機能と子どもとしての読者」『月刊国語教育研究』№２７３、日本国語教育学会、

28―34頁

やまなし

・石原千秋ほか（１９９１）『読むための理論―文学・思想・批評』世織書房
・甲斐睦朗（１９７６）「教材研究の方法としての文章論――作品「やまなし」の分析を中心に―上―」『愛知教育大学研究報告　人文科学・社会科学』25輯、愛知教育大学、１４８―１６２頁
・甲斐睦朗（１９７７）「教材研究の方法としての文章論――作品「やまなし」の分析を中心に―中―」『愛知教育大学研究報告　人文科学・社会科学』26輯、愛知教育大学、１８５―１９９頁
・甲斐睦朗（１９７８）「教材研究の方法としての文章論――作品「やまなし」の分析を中心に―中・続―」『愛知教育大学研究報告　人文科学・社会科学』27輯、愛知教育大学、２１３―２２８頁
・甲斐睦朗（１９７９）「教材研究の方法としての文章論――作品「やまなし」の分析を中心に―下―」『愛知教育大学研究報告　人文科学・社会科学』28輯、愛知教育大学、１４７―１６２頁
・上笙一郎（２０２０）「〈分かる〉作品と〈分からない〉作品」『小学校国語学習指導書　６　創造下』光村図書、56―58頁
・西郷竹彦（１９９４）『宮沢賢治「やまなし」の世界』黎明書房
・須貝千里（２００１）「「二枚の幻燈」と「私の幻燈」の間で――『やまなし』の飛躍―」（※同前③）、24―37頁
・長尾高明（１９９０）『鑑賞指導のための教材研究法』明治図書出版
・花田俊典（２００１）「このクラスにテストはありますか――宮沢賢治『やまなし』」（※同前③）、21頁
・原子朗（１９９９）「クラムボン」『新　宮澤賢治語彙辞典』東京書籍、２１７―２１８頁
・原子朗（１９９９）「イサド→伊佐戸」『新　宮澤賢治語彙辞典』東京書籍、49頁
・松本修（２０１０）「「空所」概念と読みの交流」『Groupe Bricolage 紀要』No.28、Groupe Bricolage、１―９頁
・松本修（２０１５）「文学の読みにおける比喩と象徴の意味」『Groupe Bricolage 紀要』No.33、Groupe Bricolage、１―７頁
・山元隆春（２０１１）『文学教育基礎論の構築 改訂版《ＣＤ―ＲＯＭ》―読書反応を核としたリテラシー実践に向けて―』溪水社
・ヴォルフガング・イーザー／轡田収訳（１９９８）『行為としての読書』岩波書店
・ジェラルド・プリンス／遠藤健一訳（１９９１）『物語論辞典』松柏社

川とノリオ

・幾田伸司（２０１１）「語られなかった状況を読むことの可能性―物語テクストにおける登場人物の不在に着目して―」『国語科教育』第70集、全国大学国語教育学会、28―35頁
・神谷忠孝（２００１）「川は第二の母であった」（※同前③）、88―１０１頁
・千田洋幸（１９９６）「国語教科書のイデオロギー　その２：「平和教材」と「物語」の規範」『東京学芸大学紀要、第２部門、人文科学』47巻、東京学芸大学紀要出版委員会、２０７―２１３頁
・浜本純逸（２００１）「じいちゃんの悲しみ、ノリオの草刈り」（※同前③）、１０２―１１５頁

海の命

・瀬戸賢一（１９９５）『空間のレトリック』海鳴社
・冨安慎吾（２０１１）「文学教材における読みの可能性についての検討：立松和平『海のいのち／海の命』の場合」『島根大学教育学部紀要』44別冊、島根大学教育学部、43―54頁
・西田太郎（２０１８）「６年「海の命」」（※同前①）、１１８―１２７頁
・西辻正副（１９９９）「物語教材の読みの試みⅡ：文法読みによる「海の命」の作品分析」『国語教育学研究誌』第20号、大阪教育大学国語教育研究室、１３５―１４６頁
・羽場邦子（１９９８）「自分の考えをもちながら読む：第６学年　成長の姿を「海の命」〈Ⅲ 各研究グループの考え方と実践〉」『研究紀要　広島大学東雲小学校』平成９年度巻、広島大学付属東雲小学校、41―48頁
・林廣親（２００１）「古い皮袋に新しい酒は盛られたか」（※同前③）、46―60頁
・船所武志（２００８）「物語教材の表現特性（３）小学校高学年を中心に」『四天王寺大学紀要』第46号、四天王寺大学、２０７―２２０頁
・昌子佳広（２００５）「教材『海の命（いのち）』論（１）原典（絵本）『海のいのち』との比較をもとに」『国語教育論叢』14、島根大学教育学部国文学会、２１１―２２２頁
・松本修（２０１８）「埋められない空所―「海の命」の語りと読み―」『国語科学習デザイン』第２巻第１号、国語科学習デザイン学会、42―51頁
・向川洋子（２００３）「国語科の授業における「重ね読み」の試み：『やまなし』と『海の命』の実践を通して」『国語国文学』第42号、福井大学言語文化学会、37―38頁
・山本欣司（２００５）「立松和平「海の命」を読む」『日本文学』54巻９号、日本文学協会、52―60頁

【執筆者一覧】（執筆順）

松本　　修　　玉川大学教職大学院教授
［はじめに］

鈴木　真樹　　神奈川県相模原市立九沢小学校
［小学５・６年物語教材を読み解く　教材研究の目］

粟飯原美咲　　東京都板橋区立志村小学校
［注文の多い料理店］

藤野　匡裕　　東京都板橋区立志村小学校
［注文の多い料理店／単元計画と発問・交流プラン２］

大西　　活　　岐阜県岐阜市立長良小学校
［カレーライス］

堀　　仁美　　岐阜県山県市立美山中学校
［雪わたり］

山田　優貴　　岐阜県大垣市立東中学校
［世界でいちばんやかましい音］

千場　康平　　岐阜大学教育学部附属小中学校
［大造じいさんとガン］

浦部　永遠　　北海道岩内郡岩内町立岩内西小学校
［帰り道］

橋本　祐樹　　東京都世田谷区立等々力小学校
［きつねの窓］

井上功太郎　　美作大学講師
［やまなし］

森　　孝太　　岐阜県本巣郡北方町立北学園
［川とノリオ］

小林　一貴　　岐阜大学教授
［海の命］

【監修者紹介】

松本　修（まつもと　おさむ）

玉川大学教職大学院教授。宇都宮市生まれ。筑波大学人間学類を卒業後，栃木県立高等学校国語科教諭，上越教育大学を経て現職。文学教材の教材研究，国語科授業における相互作用の臨床的研究を基盤にした読みの交流の研究を中心に行っている。

【編著者紹介】

小林　一貴（こばやし　かずたか）

岐阜大学教育学部教授。兵庫教育大学大学院連合学校教育学研究科教授（兼職）。筑波大学大学院博士課程教育学研究科単位修得退学。書くことの授業における学習者のジャンルの生成過程に関する研究を中心に行っている。

鈴木　真樹（すずき　まさき）

相模原市立九沢小学校指導教諭。静岡県焼津市生まれ。神奈川県公立小学校教諭として15年勤務。その間に玉川大学教職大学院修了。文学教材の教材研究と，問いづくりを中核とした国語科学習デザインの実践研究を中心に行っている。

小学校国語科　物語の教材研究大全　5・6年

2023年8月初版第1刷刊　©監修者　松　本　　修
編著者　小　林　一　貴
鈴　木　真　樹
発行者　藤　原　光　政
発行所　明治図書出版株式会社
http://www.meijitosho.co.jp
（企画）大江文武（校正）江﨑夏生
〒114-0023　東京都北区滝野川7-46-1
振替00160-5-151318　電話03（5907）6702
ご注文窓口　電話03（5907）6668

＊検印省略　組版所　中　央　美　版

Printed in Japan　ISBN978-4-18-364354-4